Una teoría
sobre la humanidad:
una historia de amor

Un manual instructivo
para vivir
en altas vibraciones

Escrito por las manos de
Ale

Con el aporte y contribuciones de
Tamara Elbl Newman

www.atheoryofhumanity.com
www.freespiritway.com

Registro Nacional Argentina
PV-2023-30366135 2023

Diseño de la publicación
Beatriz Burecovics

Traducción
Geraldine Fourcade

Corrección
Jorge Barnes

Contenido

NOTA: Este manual instructivo está traducido al español, con lo cual en inglés la energía trabaja en "olas" mientras en español es en "ondas". En el manual, el término "olas" se utiliza en representación de la energía que, en su esencia, trabaja de la misma forma, y en inglés se puede interpretar más fácilmente la correlación de la misma palabra. Para facilitar su entendimiento, el manual está escrito en género masculino como forma de designar a todos los humanos por igual.

ALGUNAS PALABRAS PREVIAS

ALE:

El Universo, a través de este libro, nos explica y demuestra su forma de amar. Mi intención es que juntos podamos surfear en la cresta de la Vibración de Amor y lograr que las caídas entre las olas, representados por nuestras inseguridades, se vuelven tan superficiales que no nos afecten emocionalmente. El nombre Ale representa el momento en el que estoy navegando en la ola del amor con la intención de amar, recibir e igualmente importante, aceptar el amor. Este libro ha sido escrito en sintonía con esa vibración. Mi objetivo es lograr esto a través de la explicación, abriendo así la puerta a la conversación, las posibilidades y el progreso para todos nosotros. A lo largo de este libro, debido a la naturaleza de los temas tratados, existe la posibilidad de que uno se sumerja en una caída a la inseguridad, al reflexionar sobre esta teoría y cómo puede relacionarse con su propia vida. Esta caída de la cresta de la ola hacia el valle es un proceso natural y representa la posibilidad de sanar. De hecho, es precisamente por esta razón que este libro ha sido creado, para ayudar en ese proceso de sanación. Nuestra existencia está compuesta por ciclos, los cuales pueden ser tanto positivos como negativos. *Sin embargo, también hay momentos clave en los que tomamos decisiones y emprendemos acciones que cambian el rumbo hacia otro ciclo, el cual puede ser igualmente positivo o negativo. Mi propósito es proporcionar una guía sobre cómo cambiar hacia un ciclo positivo, permitiéndonos siempre surfear la ola del amor. Al mismo tiempo, aprenderemos a flotar con entusiasmo y sentir la alegría de la caricia de la arena en nuestros pies, incluso en los valles de nuestra experiencia.*

Tamara:

Siento una gran emoción por lo que está por venir para la humanidad, a medida que despertamos a la maravilla de nuestro ser. Me siento profundamente agradecida por comprender la verdad que nos rodea y las asombrosas oportunidades que podemos crear cuando confiamos tanto en los demás como en nosotros mismos. Estamos dejando atrás las viejas creencias sobre nuestra identidad y nuestro pasado, y esto nos permite forjar un futuro conjunto, lleno de posibilidades extraordinarias.

En mi opinión, al tomar consciencia de nuestra verdadera esencia y comprender el propósito detrás de nuestra existencia, tanto a nivel colectivo como individual, nos adentraremos en una nueva experiencia en la que todos podremos prosperar y disfrutar de una vida mejor.

Este libro marca el inicio de un movimiento hacia el amor propio, a medida que nos sumergimos en una comprensión más profunda de las causas del sufrimiento y el dolor que hemos experimentado en el pasado. A través de un proceso colectivo de lamento y perdón, nos liberamos de las ataduras del pasado y nos abrimos a la transformación personal. Al reconocer y honrar nuestra comprensión actual, que respalda a todos en la transición desde la antigua programación de la perspectiva negativa pasada de la humanidad hacia una nueva experiencia de nuestro ser en el futuro, nos convertimos en agentes de expansión del universo. Nuestro papel es crucial en este proceso, ya que el universo se expande a través de nosotros y de nuestra participación en la expansión de todo lo que existe.

Dedicatoria

A la humanidad: que te inclines humildemente ante ti mismo
por tu disposición a permitir la posibilidad de olvidar
la verdad de quién eres
y regresar a esta experiencia de contraste para sanarla,
para que todos los seres en existencia puedan vivir
la experiencia de la vida eterna y el amor en su plenitud.

Esto está dedicado a
Ale
cada Luz consciente
cada Energía

Amor

Página de referencia de Mantra

La teoría plantea que somos seres energéticos y experimentamos fluctuaciones en ondas emocionales. Este manual de instrucciones tiene el potencial de generar cambios en tus estados emocionales. Cualquier cosa puede provocar estas alteraciones, que llamados "levantadas", "crestas", y "caídas", dependiendo de la experiencia. Esta página de referencia no solo es relevante si te encuentras en una de esas caídas emocionales mientras lees esto, sino también para mejorar la comprensión emocional en otros aspectos. Para poder leer y asimilar el manual de instrucciones con más facilidad, te invitamos a comenzar por aprender tu Mantra.

¿Qué es el Mantra?

El Mantra es tu Verdad Inspiradora Dedicada Al Amor (VIDAA). El Mantra es tu verdad e intención amorosa energética. El Mantra es tu VIDAA en tu vida. El Mantra es una palabra o frase que puedes emplear para levantar tu nivel emocional y vibración cuando atraviesas momentos de bajón emocional. El Mantra representa una hermosa verdad amorosa sobre ti mismo y la vida, y puedes vivir emocionalmente la experiencia al repetirlo. Funciona en cada instante de tu ciclo emocional de vida porque refleja tu verdad amorosa y tu intención en cada vibración. Esta verdad amorosa e intención acerca de ti te elevará de la caída en la onda y te ayudará a cambiar tu patrón de onda. Puedes acceder a ellas en cualquier momento y, con práctica, comenzarán a operar por sí solas, ayudándote a identificar cuándo estás entrando en energía negativa sin tener que sentirla emocionalmente. Celebramos con el Mantra el amor que somos. Nos recordará nuestra verdadera identidad y cómo compartimos esta verdad con los demás y la experimentamos a través de ellos. El Mantra, a pesar de su aparente simplicidad, es en realidad complejo en sus habilidades. Funciona como un gancho energético que nos ayuda a elevar nuestras vibraciones, puede limitar la cantidad de energía negativa que experimentamos, está siempre presente para brindarnos apoyo emocional, nos asiste en la alteración de nuestros patrones de onda para romper ciclos, y es en última instancia, una forma de recordarnos quiénes somos, nuestra VIDAA.

¿POR QUÉ USAR EL MANTRA?

Cuando somos solamente energía, cuando interactuamos en los aspectos positivos y negativos, esto no marca una diferencia significativa. Sin embargo, como somos tanto energía como seres humanos, experimentamos emociones correlacionadas cuando nos armonizamos con diferentes vibraciones. Esta dualidad ha sido una fuente de confusión a lo largo de la historia de la humanidad. Cuando nos encontramos en la parte negativa de la onda, experimentamos emociones y pensamientos negativos, y en esta inseguridad existe la posibilidad de sentirnos emocionalmente perdidos. En ocasiones, tomamos decisiones desde esta inseguridad que pueden tener distorsiones y no ser beneficiosas a largo plazo, aunque nos ayuden momentáneamente a escapar de la energía negativa. No entendemos que, como energía, buscamos una vibración con la que sintonizar y armonizar, incluso cuando esas vibraciones están en la parte negativa de la onda. Lo hacemos porque no tenemos plena conciencia de que hay otras alternativas, como el Mantra. El Mantra nos ayudará a elevar nuestra vibración, lo que nos permitirá ver todo con una perspectiva diferente, en la que el amor es lo principal (en lugar de resignarnos a la vibración más cercana). Esto nos permitirá tomar decisiones con mayor claridad.

¿CÓMO ENCONTRAR TU MANTRA?

La clave está en formularte la pregunta sin involucrar religión, política, atributos físicos ni ningún proceso de pensamiento relacionado con la materialidad.

¿Quién eres en el amor,
cuál es tu intención hermosa en este mundo,
y tu verdad espiritual?

Una manera en la que te alentamos a encontrar un Mantra es comprendiendo estos ejemplos y nuestros procesos de pensamiento a través de ellos.

TAMARA:
SOY CONCIENCIA AMOROSA

Cuando tomo conciencia de que soy Amor en su máxima expresión, estoy recordando que amo el amor; mi conciencia es amorosa; amo mi propia conciencia amorosa, amo cómo valoro, amo a quienes valoro, amo el acto de valorar. Es intrínseco a mi ser. Mi habilidad para valorar es parte integral de quien soy. Amo la creación, el acto de crear, amo la manifestación de lo divino. Disfruto compartir experiencias divinas con otros. Mi alma completa ama esto profundamente. Es asombroso cuánto nos amamos sinceramente. Cuánto amor somos sinceramente y cuánto amor trajimos para sanar de verdad. Es hacia donde nos dirigimos: el conocimiento del amor que somos y el amor al que nos dirigimos, y el recuerdo de nuestra verdad. En un tiempo y lugar donde ha estado ausente, es tan hermoso, abundante, precioso, sagrado y necesario. La sacralidad y la memoria de nuestra verdad son tan necesarias. Es innegable la importancia de honrar y recordar nuestra verdad.

Construir y fundamentarnos en ella es esencial. En este momento, podemos traer a la vida la verdad de todo, el amor por todo, como principal enfoque, ya que nada más tiene tanto sentido.

Enfocándote más en lo que es genuino en tu vida, en la verdad de quién eres, descubrirás tu Mantra.

ALE:
YO ELIJO AMOR

"Yo" = Recuerdo el poder y la energía de la vibración cuando me digo a mí mismo "Yo".

"Elijo" = Siempre es una elección hecha con la intención de generar el bienestar propio y de todos. La posibilidad que es mi decisión voluntaria de como quiero verme a mí mismo y este mundo, cómo me hablo a mí mismo, como hablo a otros, cómo me trato a mí mismo, a otros, a este mundo y a todo adentro, de la mejor manera que pueda. Puedo ya definir en cuál vibración quiero vivir y por cuanto tiempo puedo sincronizar con ella.

"Amor" = Armonizando con el poder y la energía de la vibración, cuando me digo a mí mismo "amor", siento el amor, recuerdo un momento en el tiempo en el que lo experimenté intensamente; un recuerdo emocional que no puede ser cuestionado, un momento con lo divino, con el Universo, con la naturaleza; un momento de asombro, de la belleza, cuando supe que soy el todo en uno y, a la vez, soy uno en el todo.

Cuando encuentres tu Mantra, es posible que comiences a repetirlo en tu mente, empieces a sonreír, quizás incluso lo digas en voz alta, y posiblemente desees hacerlo cada vez más fuerte, tal vez incluso sientas el impulso de bailar. Esto marca el inicio de una nueva experiencia.

Si ya posees un Mantra espiritual, la conexión de tu verdad amorosa relacionada con ese Mantra puede emplearse en los mismos aspectos.

CÓMO UTILIZAR EL MANTRA: PASOS Y PRÁCTICAS:

Los Mantras que ofrecemos puede ser que lleguen a funcionarte tanto a corto como a largo plazo, dependiendo de tu propia experiencia, tanto como VIDAA. Tu Mantra evolucionará a medida que practicas y te conoces mejor en términos de lo que resuena más verdadero en ti, en relación al amor. Una vez que hayas descubierto tu Mantra, al igual que si usas los nuestros, aquí están los pasos y prácticas sobre cómo y cuándo usarlo si te encuentras atravesando una caída emocional, un sentimiento incómodo o desagradable.

Si te ves a ti mismo planteando preguntas o haciendo declaraciones mientras lees el manual o en otros momentos de la vida, tales como "¿Que me está pasando?", "Por qué siento esto?", "Estoy confundido acerca de porqué mis pensamientos están yendo en una dirección que no deseo", "Me estoy irritando", o de nuevo, con el manual, "¿Por qué lo leí la primera vez y algo pareció verdadero, pero al releerlo después, ya no tenía sentido?":
Respóndete a ti mismo con:

"Estoy experimentando una vibración negativa." "¿Cuál es el siguiente paso?"

"El siguiente paso es recitar tu Mantra" "¿Cuál es mi Mantra?"

"_____" (Debería repetirse las palabras que representen tu Mantra con intención a un ritmo suave y rápido)

Entonces, es posible que sientas que estás saliendo de la parte más profunda de un valle, que te sientes un poco más ligero. Lo que ocurrirá es un sentimiento de urgencia por salir de ese estado; pensamientos de duda; confusión, enojo y otros sentimientos negativos vendrán a la mente. ¿Por qué están surgiendo estos pensamientos? Esto se debe a que estás ascendiendo a vibraciones cada vez más elevadas, aunque no lo parezca. No se debe a que estés haciendo algo mal, al contrario, a medida que elevas tu vibración, cada vibración negativa que dejas atrás traerá consigo pensamientos negativos, incluso algunos que te harán olvidar quién eres. Si, por ejemplo, te encuentras en una vibración de desesperación, al decir el Mantra es posible que empieces a sentir enojo y quieras dejar de decirlo porque te hace enojar en lugar de hacerte sentir mejor, haciéndote volver a caer en desesperación. Esto se debe a que, con la repetición del Mantra, te estás moviendo hacia una vibración diferente y un poco más elevada (enojo), aunque estás en camino hacia vibraciones más elevadas aún. Al repetir el Mantra, conviertes tu último pensamiento, tu pensamiento presente y tu pensamiento futuro en tu verdad amorosa e intención. Aunque otros pensamientos puedan surgir, el Mantra te ayudará a atravesarlos porque, incluso en momentos de energía negativa, el Mantra es también una fuente de esperanza. Es la promesa de que podrás llegar a un lugar mejor. Es tu VIDAA.

Enfócate en una respiración armónica y a un ritmo pausado, mientras repites el Mantra a un ritmo suave y rápido, pero con el recuerdo de lo que esa/esas palabra/s significan para ti. Esto te permitirá salir de la caída. Existe la posibilidad de que experimentes un suspiro similar al del alivio. En este punto, cuando te sea posible, permítete expresar gratitud hacia la experiencia, comprenderla y reflexionar sobre lo que ocurrió antes y después de ella. Puede ser que digas "¡Funciona! ¡No lo puedo creer!", y a la vez, si funciona, hay que creerlo. Alégrate de conocer y reconocer aún más tu propia verdad y la de esta realidad. En este momento de mayor energía y vibración, repite el Mantra con calma y recuérdate a ti mismo que esta es la vibración en la que deseas vivir.

CAPÍTULO 1

UNA TEORÍA SOBRE LA HUMANIDAD

Existen tanto la luz como la oscuridad. Lo infinito y lo mortal coexisten. Somos una entidad completa e individual y, a su vez, somos parte integral de todo. **Estamos compuestos de energía.** Cada ser humano, cada planta y cada objeto individual en este planeta poseen componentes físicos y energéticos que provienen del Universo. Somos creados a partir de la luz, de una explosión de energía, y también llevamos en nosotros el espacio que vemos como la oscuridad que la acompaña. Reconocemos que somos una manifestación del universo, somos todo en uno, y al mismo tiempo reconocemos que somos uno con todo lo que existe. Si consideramos que estamos compuestos de los mismos elementos y energía que conforman el universo, y como seres conscientes en un planeta con una capacidad cerebral evolucionada, surge la pregunta: ¿acaso somos el Universo experimentándose y reconociéndose a sí mismo desde dentro?

Según esta teoría, se plantea que el ser humano es el equivalente idéntico al Universo dentro del mamífero terrestre adentro del universo mismo. Esto implica que el universo, del cual estamos completamente hechos tanto física como energéticamente, se reconoce a sí mismo en cada uno de nosotros, independientemente de nuestro género, composición genética, cuerpo, idioma, cultura e inseguridades. Todo esto existe dentro del Universo mismo.

Según esta teoría, el universo se encuentra en un constante proceso de autoexperiencia a través del cuerpo humano, manifestándose como ondas energéticas y vibraciones. Esta teoría sostiene que nuestras emociones y reacciones físicas están intrínsecamente relacionadas con estas ondas energéticas y vibraciones, así como con las distorsiones presentes en ellas y la frecuencia en la que las experimentamos. En esencia, nuestras experiencias emocionales y físicas están conectadas con la forma en que el universo se manifiesta a través de nosotros.

La intención es guiar a las personas para que aborden su realidad desde una perspectiva diferente y coherente. Dado que los seres humanos experimentamos a través de las emociones, es crucial comprender lo que realmente está sucediendo dentro de nosotros. Esto implica reflexionar y cuestionarnos sobre nuestro pasado y presente: "¿Por qué estamos experimentando estas emociones?" Luego, podemos además observar los patrones de conexiones energéticas vibratorias que generan distorsiones como resultado de nuestros estados emocionales. Al hacerlo, podemos obtener una mayor comprensión de nuestra experiencia emocional y descifrar los mensajes que el universo nos está transmitiendo a través de nuestras vibraciones.

Estas vibraciones y ciclos tienen *engranajes repetitivos* que interpretamos en esta realidad a través de palabras, recuerdos y resolución de problemas. La teoría propone comprender cómo estos engranajes son ocurrencias simbólicas y cíclicas en nuestra experiencia terrenal, y cómo tienen el poder de cambiar positiva o negativamente nuestro propio ciclo, y por ende, nuestra experiencia en este mundo.

Las ondas vibratorias se encuentran en constante fluctuación y cambio dinámico, generando inseguridades que pueden distorsionar nuestra energía. Todos los seres humanos somos sensibles a nuestras propias vibraciones y a las de los demás. Además, existe una conexión entre nuestras experiencias pasadas positivas y negativas, y cómo experimentamos estas vibraciones en el presente. Estos fenómenos son universales, ya que los creamos tanto de manera consciente como inconsciente.

La realidad en la que vivimos y los cuerpos en los que habitamos están imbuidos de tendencias instintivas que nos impulsan a comprender y procesar una serie de inseguridades y emociones, como el miedo, la humillación, el rechazo, el abandono, la soledad, la mortalidad, la sexualidad, la culpa, la ira y la vergüenza. Simultáneamente, también experimentamos impulsos innatos de amarnos a nosotros mismos y a los demás, de encontrar alegría, liberación y paz interior.

Desarrollamos una autoestima positiva y humilde, nos expresamos en nuestra individualidad y apreciamos nuestro propio valor. Estas tendencias instintivas nos guían hacia un mayor bienestar emocional y nos permiten vivir plenamente la experiencia de la belleza de ser quienes somos. Todos estos aspectos y cómo se relacionan con nuestra familia, amigos, parejas románticas, compañeros de trabajo, entorno, creencias, confianza, necesidades básicas de supervivencia, electricidad, alimentación, refugio, independencia y relación con los animales, entre otros, son elementos presentes tanto aquí como en todo el mundo, dondequiera que haya seres humanos. Estas interacciones y conexiones abarcan todas las esferas de nuestra vida y tienen un impacto en nuestra experiencia colectiva como seres humanos.

Esta teoría plantea la idea de que los seres humanos, al ser una manifestación del propio universo y existir en un estado físico, experimentamos una dualidad en nuestra existencia. Somos tanto infinitos y perfectos como mortales e imperfectos. El universo nos ha dado vida y hemos evolucionado para que el universo pueda reconocerse a sí mismo dentro de nosotros y apreciar la belleza de nuestras altas vibraciones y nuestra propia perfección.

Sin embargo, como seres terrenales, también experimentamos fatiga, hambre y sed, lo que puede hacer que nuestro cuerpo tropiece y tenga limitaciones. En el contexto de esta teoría, cuando nos encontramos con obstáculos o cometemos errores en nuestra experiencia terrenal, el Universo, al no tener una comprensión completa de estas experiencias, interpreta estos tropiezos como señales de que hemos cometido errores o hemos hecho algo "incorrecto". Como resultado, surge la inseguridad de la imperfección, y desarrollamos un capacitor emocional/energético conocida como "ego" para protegernos y ajustar la caída de la onda hacia lo negativo, que podría perturbar nuestra armonía interna, aunque su activación por largo plazo puede llegar a agregar distorsiones. Este capacitor actúa como un mecanismo de defensa para preservar nuestra sensación de seguridad y *control* pero su trabajo primordial es ayudarnos a **crear, inventar**, y **evolucionar**.

El Universo es infinito y eterno, mientras que los seres humanos somos seres terrenales con una existencia limitada en el tiempo. A medida que enfrentamos nuestra propia mortalidad y la de los demás, experimentamos desafíos y temores relacionados con la muerte. Esto se debe a que, como seres terrenales, estamos arraigados a la experiencia física y nos resulta difícil comprender la existencia más allá de ella. Sin embargo, al mismo tiempo, tenemos la conciencia de nuestra eternidad y somos capaces de reconocer nuestra conexión con lo trascendental.

Esta aparente contradicción surge de nuestra naturaleza dual, somos tanto seres terrenales como portadores de una esencia eterna. Esta compresión nos lleva a explorar la posibilidad de trascender el sufrimiento y encontrar un camino hacia un estado en el que todos los seres podamos prosperar. Como seres humanos, tenemos la capacidad de aprender de las lecciones de supervivencia de otras especies en este planeta y evolucionar hacia una mentalidad de "Todos debemos ser fuertes, avanzando".

En resumen, ser humano implica la paradoja de ser tanto finito como infinito, lo cual nos impulsa a buscar un propósito más elevado y trascender las limitaciones y sufrimientos de la existencia terrenal, para crear un mundo en el que todos puedan florecer (estar en forma) y prosperar.

El Universo no requiere más sufrimiento humano, ya que poseemos todas los elementos necesarios para asegurarnos de que todos vivamos nuestras vidas en plenitud emocional a través de la armonía vibracional. El sufrimiento humano afecta al Universo; cuando nos sanamos, el Universo también lo hace. Al sanarnos en una vibración determinada, inconscientemente elevamos a otros desde esa misma vibración. Esto se debe a que es el Universo el que emana esa energía al mundo y, en última instancia, hacia sí mismo. Al sanarnos a nosotros mismos, sanamos el mundo. Esta teoría sostiene que podemos lograrlo, individual y colectivamente, en esta realidad, en armonía con nuestro entorno, nuestro pasado, nuestro presente, nuestro futuro, nosotros mismos y los demás.

Capítulo 2

Las vibraciones entre las Ondas y los Humanos

Según la teoría, al estar compuestos de energía, vivimos y estamos en vibraciones paralelas con la Vibración de Amor (VL), y nuestras distorsiones o fluctuaciones se reflejan en nuestras emociones. Las vibraciones altas están asociadas con el amor, mientras que las vibraciones bajas están relacionadas con la inseguridad. Múltiples vibraciones paralelas coexisten simultáneamente. A menudo relacionamos experiencias pasadas negativas (distorsiones) con momentos en los que estábamos en una vibración alta (amor). Esto genera ondas que se mueven energéticamente como una piscina emocional, creando fluctuaciones y manifestándose emocional y posiblemente físicamente en forma de IDNE (Descargas Involuntarias de Energía Negativa). Estas IDNE ocurren cuando alcanzamos una vibración alta que se correlaciona con momentos de inseguridad, generando distorsiones en nuestro bienestar emocional. Esto genera una caída pronunciada en nuestra onda que podemos sentir, causando una cadena involuntaria. La inseguridad es una comprensión que busca ser sanada para eliminar la distorsión. Es posible que cada ser humano logre este proceso de sanación.

Las emociones humanas son la manifestación de las energías vibratorias que nos rodean y residen dentro de nosotros. Cuando experimentamos un cambio en la vibración, nuestros procesos de pensamiento y emociones también se ven afectados. Los diferentes entornos en los que nos encontramos, como el hogar, la escuela, el trabajo o un club, no solo difieren físicamente, sino que también emanan energías distintas debido a las personas presentes y las vibraciones en las que se encuentran. Por ejemplo: caminar por un templo vacío y por una prisión vacía. Se puede sentir la diferencia en la energía ambiental.

La teoría propone que nuestra estabilidad emocional y bienestar están vinculados a los patrones de ondas, ciclos y engranajes que se presentan en cualquier momento, algunos de los cuales son colectivos, pero todos son únicos para cada individuo. La vibración emocional de una persona puede ser percibida tanto por otros individuos como por el entorno en sí. Debido a la vibración en la cual estás y según las intenciones que nosotros tengamos para vivir nuestras mejores vidas, el Universo mismo proveerá momentos o experiencias que se alineen con esas intenciones y ocurrirán en un breve período de tiempo lineal. Este proceso eleva las vibraciones, la autoestima y la perspectiva de nosotros, impulsando la vida de una manera atemporal. Sin embargo, también es posible que en ciertos momentos o experiencias nos mantengamos en una vibración negativa, la cual persistirá hasta el próximo ciclo. Esto depende de las distorsiones, la frecuencia, las inseguridades y la comprensión que tengamos de nosotros mismos, así como del enfoque en el momento presente y la armonía en la que nosotros nos encontremos.

Los ciclos no pueden ser clasificados como exclusivamente positivos o negativos, ya que su naturaleza depende del ser humano y su perspectiva sobre ellos. Existen ciclos que son percibidos como positivos, ya que ayudan a mantenerse en vibraciones elevadas. Durante estos ciclos, la persona puede ser consciente o inconsciente de los engranajes que se presentan y tomar decisiones en equilibrio con las intenciones de su yo superior, su bienestar emocional, físico y espiritual en el momento presente, así como las posibles repercusiones (positivas o negativas) que puedan surgir. Estos ciclos positivos pueden generar resultados inmediatamente favorables. Existen también ciclos que son percibidos como negativos. Durante estos ciclos, por estar en vibraciones negativas, las decisiones tomadas pueden llegar a ser más para temporariamente salir de energía *negativa* pero a lo largo no sana las distorsiones. Hace un ciclo repetido por elegir diferentes *decisiones* pero con las distorsiones todavía ahí. Esto hace que las distorsiones se hacen más notables y a la vez más necesaria para sanar. Eres tú diciendo que quiere sentir alegría más tiempo aún, hay que cambiar el ciclo, y para hacerlo hay que sanar esto con entendimiento y sin juzgar. Hemos pasado por mucho en nuestras vidas.

Según la teoría, existen engranajes dentro de los ciclos que se manifiestan de forma reconocible. Sin embargo, si alguien no está presente en el momento actual y se encuentra inmerso en pensamientos sobre el pasado o el futuro, puede percibir los engranajes, pero no reconocer su significado. En el momento en que se reconoce un engranaje, se vuelve más evidente en el plano físico y atraviesa la línea temporal lineal. Sin embargo, puede requerir comprender el simbolismo que este engranaje tiene en la propia vida y camino de cada individuo, y hacerlo con un equilibrio entre su capacitor "ego" y su VIDAA.

Al comprender nuestro pasado y las experiencias negativas que han afectado nuestra vida cotidiana, y al estar dispuestos a alcanzar la Vibración de Amor (VL), podemos percibir los engranajes con mayor facilidad al estar presentes en el momento actual con una actitud amorosa y sin prisas por resolver todo. Esto nos brinda la capacidad de ayudarnos a nosotros mismos de manera más rápida y efectiva.

La determinación en el amor, que implica prosperar, y el *estrés por resolverlo*, que implica sobrevivir, representan dos vibraciones distintas con perspectivas y resultados posibles diferentes. Sumergirnos en la vibración del estrés por resolverlo todo genera una carga energética negativa de responsabilidad y presión en nuestra vida cotidiana y en las experiencias del momento. Por otro lado, la vibración de **determinación en el amor** se encuentra en armonía con la Vibración de Amor (VL) y **nos permite enfrentar el mismo nivel de estrés sin distorsión emocional, lo cual nos facilita enfocarnos con mayor relajación. Esto contribuye a la calidad del proyecto en el que estamos decididos a tener éxito con amor.**

Existe la posibilidad de que, al centrarnos en la "supervivencia", prestemos más atención a la parte física, al estrés y al agotamiento, y utilicemos más la mente que el corazón, lo que activa nuestro Capacitor en forma protectora. Al completar una tarea estresante, la recompensa energética y vibracional principal es sentir alivio y una mayor autoestima por los logros que se experimentan más adelante en el tiempo lineal. En cambio, **la determinación en el amor nos brinda una mayor autoestima instantánea,** ya que nuestro enfoque está puesto en el amor en lugar del estrés.

Aunque también se experimenta alivio, este se vuelve secundario, pero aún más gratificante.

Los patrones de onda que percibimos en nuestra vida diaria son los que pueden hacerla menos estresante, más fluida y ayudarnos a armonizarnos rápidamente con nosotros mismos, con los demás, con nuestra comunidad, el entorno y los aspectos de nuestra vida cotidiana, generando alegría. **Es en los mo-**

mentos diarios cuando más necesitamos apoyo: las cosas que ocurren de momento a momento y los pequeños detalles positivos contribuyen en gran medida a una verdadera transformación. Cada cosa que sucede en cada momento y cada detalle positivo tienen un impacto significativo en la transformación total. Al transformar las pequeñas cosas cotidianas que nos generan estrés en pequeños aspectos positivos, se convierten en los engranajes que impulsan la transformación completa, y mantenernos en la Vibración de Amor (VL) se convierte en un renacer simbólico.

La teoría propone que vivimos en vibraciones paralelas a la VL, donde las ondulaciones de nuestras inseguridades ocurren constantemente, desde segundos hasta días y más allá. Estas fluctuaciones son influenciadas por factores externos, nuestras reacciones personales y nuestro estado vibracional en ese momento específico. Hay muchos aspectos que influyen en estas fluctuaciones, como el número y la naturaleza de nuestras inseguridades, cómo nos afectan las experiencias vividas, nuestra identidad de género, la presencia de la sexualidad y/o la menstruación, y el entorno en el que nos encontramos. Todos estos elementos juegan un papel en nuestra capacidad para mantenernos en la VL o alcanzar una vibración alta constante. Aunque hay múltiples vibraciones, esto no necesariamente significa complicación. Más bien, implica que debemos practicar cómo desconectar o silenciar las distorsiones relacionadas con las experiencias que generaron esas fluctuaciones, en un proceso de armonización.

La teoría propone que para lograr esto, debemos comprender e integrar profundamente en nosotros mismos:

1. Es posible para nosotros.

2. Al comprender este conocimiento, nos damos cuenta de que tenemos el poder de ser co-creadores conscientes de nuestras experiencias en este mundo.

3. Es crucial que seamos sinceros y honestos con nosotros mismos.

4. Para avanzar en nuestro crecimiento personal, es necesario desactivar nuestro Capacitor interno.

5. El proceso de comprensión y crecimiento personal requiere del tiempo necesario que el Universo asigna a cada individuo. Es importante recordar que siempre debemos respetarnos y perdonarnos a nosotros mismos en este proceso.

Para simplificar, la teoría sugiere abordar las inseguridades de una manera más amplia, reconociendo distintos niveles o grados en lugar de simplemente considerarlas como vibraciones emocionales negativas. Estos niveles incluyen: superficiales (inseguridades que no generan emociones negativas y pueden ser transformadas rápidamente de manera positiva; son las vibraciones más elevadas y pueden no representar inseguridades en absoluto), ligeras, moderadas, intensas y totales. Cada nivel está vinculado a la individualidad humana. Lo que puede ser intenso para una persona puede ser resultado de su sensibilidad energética hacia sí misma y su entorno vibracional. Si las inseguridades persisten constantemente, es posible que la persona tenga activado su Capacitor en modo barrera sin darse cuenta, y en ese caso es preferible posponer cualquier tipo de comunicación hasta otro momento.

Cuanto más cerca se esté de la inseguridad total, mayor será la probabilidad de vivir la experiencia de las IDNEs (Descargas Involuntarias de Energía Negativa). La inseguridad total es un nivel difícil de alcanzar y se utiliza como un límite, no como una manifestación necesaria del contraste. Es posible sentirse completamente en la vibración o experiencia de amor sin caer necesariamente en la inseguridad emocional, incluso si se tienen algunas inseguridades. El objetivo es llegar a reconocer la caída en el valle (inseguridad) de manera tan superficial que no tenga ningún efecto emocional, lo que permitirá levantarse rápida, fácil y repetidamente en cualquier momento lineal.

Para lograr esto, debes practicar el procesamiento de tres cosas cuando te encuentres en las vibraciones más altas y comiences a sentir las fluctuaciones:

1. ¿Cuál fue el último pensamiento positivo antes de la caída?

2. Utiliza ese mismo pensamiento y expándete en él.

3. Si el pensamiento no está disponible, recuerda, repite tu Mantra.

La teoría propone que el proceso de pensamiento previo a la caída es lo que conduce a los seres humanos hacia la Vibración de Amor (VL), lo cual los vuelve vulnerables. En este estado, las inseguridades se manifiestan con el propósito de que nosotros podamos identificar qué aspectos necesitan ser sanados, y así liberarse de esa distorsión o fluctuación correlacionada. La facilidad o dificultad de este proceso depende del grado de las inseguridades, pero se considera alcanzable sin importar el nivel. Es importante tener en cuenta que la correlación entre la VL y las inseguridades es única para cada individuo.

Por ejemplo, aunque una persona pueda vivir la experiencia de la pasión y relacionarla con la inseguridad de los celos, para otro individuo podría manifestarse como envidia u otra forma de inseguridad, dependiendo de su experiencia personal. La teoría sugiere que, con el tiempo, interpretar y sanar estas inseguridades se volverá más fácil, lo que conducirá a un mayor crecimiento personal.

Desde una perspectiva espiritual y energética:

**Cuando uno contempla directamente el vacío
y reflexiona sobre ese estado,
(cuando uno enfoca en el sentimiento de la caída al valle)
se involucra en un pensamiento que lo mantiene en esa vibración, incluso consciente de vibraciones más elevadas. ***

---

*Al ser consciente de que se está al borde de caer en ese estado, la mente tiene una mayor facilidad para recordar el pensamiento de mayor vibración antes de sumergirse en la caída, y así considerar el pensamiento contrastante.

Sin embargo, en ese estado, resulta cada vez más difícil recuperar los pensamientos de mayor vibración.

Las caídas pueden ser vividas como experiencia y manifestarse como IDNEs (Descargas Involuntarias de Energía Negativa). Durante esta transición de la cresta al vacío, es crucial contar con apoyo emocional.

*Al ser consciente de que se está al borde de caer en ese estado, la mente tiene una mayor facilidad
para recordar el pensamiento de mayor vibración antes de sumergirse en la caída,
y así considerar el pensamiento contrastante.
Practicar este tipo de acción: **Practicar el Mantra**
Implica llevar el pensamiento de mayor vibración hacia el vacío, lo que hace que la experiencia del vacío sea más llevadera.
El propósito fundamental de este proceso es sanar la vibración en sí misma.
Es importante que las personas acepten su verdad
y reconozcan quiénes son en su totalidad.
Esto implica sentir gratitud por ser ellos mismos,
abrazando su autenticidad y permitiéndose expresarse sin vergüenza,
tanto en sus aspectos positivos como negativos a lo largo de su historia.
No deberían sentirse avergonzados por ser hábiles (o no) en ciertas áreas.
La vergüenza es la forma de vivir la experiencia e interpretar el vacío.

Entendiendo la dinámica del amor,
las vibraciones más altas se mueven con mayor rapidez en el tiempo.
Los seres humanos no anhelamos vivir la experiencia de las vibraciones más bajas.
El pensamiento en una frecuencia más elevada no se vuelve accesible cuando uno se enfoca en las vibraciones más bajas.
Resulta fácil permitirse dejar de alcanzarlo
porque requiere una gran cantidad de energía,
lo cual convierte al proceso mental en un desafío perturbador.
La confusión radicaba en persistir en ese proceso de pensamiento y en el contraste,
y pensar que "esto" es el problema cuando, en realidad, "esto" implica la sanación del contraste.

Los pensamientos de inseguridad o negatividad (en la caída) son más recientes y más fáciles de retener en la mente, incluso cuando contrastan con la vibración más elevada.
El hecho de no poder acceder a ese pensamiento que te llenó de felicidad sirve para fomentar la reflexión y guiar el pensamiento hacia una vibración más elevada en el valle.
El valle entonces representa una experiencia más suave cuyo propósito es sanar esa vibración.

La teoría propone la redirección de la caída:

1. Si sientes o percibes que alguien está por atravesar o está atravesando una caída, dile solo una vez, con empatía y sin

arrogancia ni complacencia, que notas que está cayendo en un valle y recuérdale suavemente su Mantra, si lo conoces.

2. Escucha y permítele pasar por ello con la comprensión de que está traduciendo patrones de ondas de energía.

3. Procesará y volverá naturalmente.

4. Recuérdale que es amor y recuérdate a ti mismo o a la otra persona el pensamiento elevado que los llevó a la caída.

5. Sentir que estamos siendo escuchados tanto por nosotros mismo como por otros, sin ser "juzgado", permite valorarse y, como efecto, eleva nuestra vibración, simplemente por el hecho de ser escuchados. Son estos momentos en los que el Mantra ayudará a no caer tan profundamente y poder sentirse mejor más rápidamente.

CAPÍTULO 3

EL CAPACITOR EMOCIONAL (EL EGO)

La teoría sugiere que los seres humanos tenemos a nuestra disposición un Capacitor energético/emocional que puede cambiar a altas vibraciones, nos absorbe la energía negativa, y cambia nuestras ondas provenientes de otras personas, animales, el entorno y/o desde el interior, si no armonizamos, con nosotros mismos. Será denominado "Capacitor" con el fin de preservar la propia vibración.

El Capacitor es un cambiador de ondas energéticas que puede también activarse durante las caídas de la onda. Su función primordial es hacernos evolucionar, crear, y avanzar, pero ha sido usado a la vez para absorber energía negativa por el sentimiento emocional de la caída energética. Las funciones no son mutuamente exclusivas, una o la otra, pero por tener que usar el Capacitor para absorber energía negativa sin entender el potencial del Mantra, nos ha causado vivir con distorsiones en ciertas vibraciones de nuestras vidas. Comúnmente es llamado el *ego*, pero si miramos el *ego* desde esta perspectiva, podemos ver que es un absorbedor de energía negativa tan potente que ha logrado tener una connotación negativa. Su objetivo primordial es nuestra evolución en todos aspectos del amor propio, aunque sea en vibraciones negativas.

Cuando el movimiento natural de la onda suba o baje nuestra vibración, el Capacitor se activará, aun si es un pensamiento, una conversación con otros, un error, un comentario interesante, etc. Si vamos a una vibración más alta, la caída es normalmente más suave y el Capacitor puede ser usado para permitir energía positiva en altas vibraciones sin el contraste de ondulaciones que caen. Esto es la base por la que creamos, avanzamos, y evolucionamos. Si el movimiento de la onda cae a la inseguridad, el Capacitor se activará pero con la posibilidad de distorsiones por estar activado por inseguridad. Cuando tomamos decisiones en esta caída a la inseguridad con el Capacitor activado, puede ser beneficiosos en el corto plazo pero las distorsiones pueden llegar a causar repercusiones inesperadas en el largo plazo. Esto puede ser parte de las razones para ciclos negativos repetidos en nuestras vidas. (Figura 1, pág. 46)

EL CAPACITOR SOBRECARGADO

El Capacitor puede ser utilizado para permitir ondas positivas y reducir las fluctuaciones del *supuesto* contraste, pero también puede ser utilizado con el mismo propósito y permitir ondas negativas, incluso en contra del propio bienestar. Esto puede pasar cuando el Capacitor empieza a estar sobrecargado. Está tratando de ayudarnos a mantenernos en altas vibraciones mientras está trabajando con distorsiones energéticas por tener que activarse por energía negativa recibida y/o una caída a vibraciones negativas. Esto también puede suceder en vibraciones más altas, cuando lo físico se vuelve secundario frente a la vibración mayor, lo que posiblemente también vaya en contra de nuestro bienestar emocional y físico a largo plazo. Cuando el Mantra/la VIDAA puede estar practicado y se logra comprender y estar en armonía, se permite que el Capacitor proporcione la capacidad de escuchar lo positivo con entusiasmo y lo negativo con comprensión (positiva), filtrando la información relevante. Esto facilita una reacción y un estado de vibración más elevados por más tiempo lineal. En situaciones de contraste, donde el Capacitor está sobrecargado, es posible que aquellos que solían manejar su Capacitor con equilibrio y mantenerse en un estado de autocomprensión, aceptando consejos de otros en todos los aspectos y en una vibración elevada, lleguen a un punto en el que sigan directamente la guía del Capacitor, aunque está en momentos de absorber energía negativa, sin discreción, vacilación, estrategia o un proceso de pensamiento completo para su propio bienestar, ya sea emocional o físico.

Como resultado, esta acción desencadena una reacción que altera la dinámica de las ondas, llevando a la persona a confiar únicamente en su propia decisión, posiblemente de manera impulsiva y con convicción, sin el equilibrio de una comprensión conceptual completa de sus acciones, reacciones y repercusiones. Esto puede llevar a un cambio en la vibración en la que nosotros vivimos y empezar un ciclo negativo repetitivo.

En ciertas ocasiones, los seres humanos podríamos vivir la experiencia de una pérdida de comprensión y, como resultado, desarrollar una actitud de resistencia o rebelión. El Capacitor (ego) se mantendría inmutable, permitiendo únicamente vibraciones positivas reflexionados por el humano mismo para satisfacer los deseos y objetivos o vibraciones positivas limitadas a lo quiere el Humano, incluso cuando van en contra del propio bienestar o moralidad. Durante este período, podríamos enfrentar dificultades para comprender plenamente la situación en la que nos encontramos.

Cuando nosotros reconocemos *nuestras imperfecciones* y experimentamos desequilibrio, el Capacitor sobrecargado absorberá tanto las energías positivas, pero limitadas a lo que quiere el Humano (por más que el Humano está en esa vibración con distorsiones), como las negativas que provienen del exterior, además de las reacciones y repercusiones de nosotros en ese estado.

La teoría plantea que esto puede llevar a que nos aferremos a nuestra estructura de creencias y ritmos, tomando decisiones basadas en información incorrecta, impulsividad o rebeldía. Esta conducta puede hacer que nosotros nos volvamos insensibles y sordos al mundo exterior, y posiblemente insensibles y sordos a nuestro propio bienestar. Este cambio altera la dinámica de ser el Capacitor energético/emocional, diseñado para ayudar a los seres humanos, convirtiéndose en un Capacitor sobrecargado, con el que el humano se defiende contra los demás y contra uno mismo. Esto provoca perturbaciones en todas las personas y puede resultar en una regresión y/o repetición en lugar de una evolución.

Te invitamos a practicar el Mantra

Si nosotros permitimos que nuestros Capacitores superen su capacidad de aceptar imperfecciones, existe la posibilidad de generar aún más imperfecciones, lo que dará lugar a una acumulación de distorsiones vibratorias. Además, admitir estas imperfecciones más adelante resultaría aún más difícil lidiar con ellas. Esto puede llevar a una caída hacia una vibración más baja y la posibilidad de quedar atrapado en esa vibración, generando temor al colapso, la idea de un tsunami de vibraciones negativas y/o un miedo animal que se apodera de la mente. Todo esto supera lo que nosotros desearíamos aceptar y soportar.

Es comprensible que alguien pueda mantener su rumbo en contra de su propio beneficio, ya que el miedo surge tanto de nuestra naturaleza terrenal y mortal, como de la vulnerabilidad emocional causada por experiencias pasadas relacionadas con la culpa, ya sea autoimpuesta o impuesta por otros desde una temprana edad, cuando se grabaron las primeras distorsiones.

El cambio vibracional que ocurre al aceptar nuestras imperfecciones o las de los demás ha sido aprovechado por otros a lo largo de la historia, debido a la correlación vibratoria a lo largo del tiempo. Esta teoría propone que el capacitor emocional debe armonizarse desde las etapas más tempranas de la vida, de modo que la admisión de nuestras imperfecciones, a través del aprendizaje en este plano terrenal, no sea utilizada para generar inseguridades, como ha sucedido en el pasado (capítulo culpa). Esto permitiría que todos evolucionemos de manera más rápida y continua.

En este contexto, la teoría sostiene que el Capacitor emocional ha alcanzado este nivel debido a la abrumadora historia de contrastes que hemos experimentado. Como seres humanos, hemos atravesado vibraciones negativas en todos los aspectos, lo que nos ha llevado a sentir una gran vergüenza y culpa al percatarnos del desequilibrio con el Capacitor a defenderse (defendernos), y la reacción primitiva pudo ser la manipulación hacia otros y sus metas, a sabiendas de que no podían defenderse (defendernos). En lugar de ayudarnos mutuamente, hemos aprovechado la situación, lo que ha añadido más distorsiones a todas nuestras vidas.

A lo largo de la historia, los seres humanos hemos brindado más refuerzo negativo hacia la imperfección que refuerzo positivo hacia la autoconciencia. Es una de las razones por las cuales resulta difícil admitir la dificultad para armonizar y equilibrar nuestro propio Capacitor. Es probable que el método utilizado con nosotros sea el mismo que hemos empleado con los demás. No es algo consciente; es la falta de recordar nuestra propia conciencia. Reflejamos nuestras inseguridades y distorsiones exageradas en los demás, si existe, de la misma forma en que el Capacitor energético nos devuelve la energía más rápidamente.

De manera inconsciente, y a veces consciente, podemos percatarnos de esto. Como seres humanos, en ese momento, tuvimos la oportunidad de ayudar, obstaculizar o ignorar.

La teoría sugiere que la consciencia, la autoconsciencia, y el refuerzo positivo son aspectos fundamentales. Refuerzo positivo no es siempre decir que *sí*, es guiarnos a apreciar el avance de aprender y crear, enseñarnos a nosotros mismos a entender y enfocarnos en caminos positivos, y cómo inventar maneras positivas para adaptar a experiencias negativas. Asumir la responsabilidad por nuestras propias imperfecciones es positivo y necesario. Nos permite transformar distorsiones en armonía. Asumir la responsabilidad de nuestras palabras y acciones es algo positivo, ya que nos permite vivir la experiencia de, aprender, apreciar y aceptar la guía en vibraciones positivas. La responsabilidad por nuestras acciones, especialmente cuando estamos en una vibración elevada, es de vital importancia, ya que nos permite apreciar y mantener una vibración más elevada en general. Esto se refiere a la capacidad de responder adecuada y conscientemente a situaciones y circunstancias, especialmente cuando nos encontramos en una vibración positiva.

Tenemos la capacidad de modificar nuestra vibración energética para liberarnos emocionalmente de la inseguridad y las fluctuaciones negativas en nuestra frecuencia causadas por experiencias pasadas. El concepto de "perdonar y olvidar" implica perdonar todo lo relacionado con esa inseguridad, incluyendo nuestras propias acciones, aunque fueran inocentes (inconscientes) en ese momento.

El concepto de olvidar implica transformar o disipar la distorsión que se ha correlacionado con esa experiencia, no olvidar la experiencia en sí misma. Es un proceso de transformación que marca el inicio del ciclo de sanación. A medida que recordamos cada vez más la versión transformada de la experiencia, con el tiempo puede volverse completamente distante, a pesar de haber causado angustia emocional en el momento. La capacidad de reconocer ese momento sin una conexión ni distorsión emocional nos permite mantenernos en vibraciones más elevadas durante períodos de tiempo más prolongados. Ahora, el contraste se está convirtiendo en un proceso de sanación, y está ocurriendo de una manera más positiva que antes.

Perdonar el Capacitor sobrecargado, perdonar de no poder ver con claridad por las distorsiones, y entender acciones en el futuro, emocionalmente, hace recordar a nosotros mismos de este momento y lo que queremos lograr: equilibrio y promedio de experiencia en esta vida en la vibración más alta posible.

Es beneficioso limitar la absorción de energía negativa, aunque es importante tener en cuenta que la percepción de lo negativo o positivo puede variar según cada individuo. Cuando alguien brinda consejos no solicitados a otra persona, esta puede interpretarlo de manera negativa o sentir inseguridad debido al juicio hacia sí misma, hacia la otra persona o hacia ambos. Si analizamos este aspecto desde esta teoría, podríamos decir que cuando alguien ofrece consejos, en realidad está compartiendo cómo logró alcanzar una vibración más elevada en su propia experiencia, aunque esa misma vibración pueda resultar más baja para la persona que recibe los consejos. Este intercambio genera una interrupción en la armonía emocional y activa el Capacitor emocional por caídas en vez de por creación. En equilibrio con el Capacitor y la VIDAA activaría solo en creación.

La teoría plantea que cuando experimentamos inseguridad y estamos abiertos al amor, esa inseguridad afecta nuestra armonía y genera distorsiones. Es posible que lo interpretemos de forma personal o culpemos a otros en reflexión, debido a la relación entre nuestra mente y cuerpo en términos de vibración. Sin embargo, al ser conscientes y reconocer estas distorsiones repetitivas, nos damos cuenta de que estamos proyectando inseguridad y, por lo tanto, podemos sanar a través de la comprensión y el perdón. Al liberar esa nota específica sin eliminar la canción completa, logramos volver a armonizarnos con nosotros mismos. Este proceso implica una transformación personal. La culminación de distorsiones no es la canción de nosotros. La canción de nosotros se escucha armonizando en amor y poniendo en mudo las distorsiones. Transformación.

La teoría propone que, cuando cometemos un error, podemos hacer un ejercicio de autorreflexión donde dejamos de lado las emociones y nos centramos en la causa: acción, reacción, repercusión. No hay culpa ni juicio, aunque nosotros siempre podemos tomar responsabilidad por las propias acciones para propio beneficio, no demandado por otro. No significa dejarse vulnerable y desactivar el Capacitor porque, en este momento en negativo, refuerzo *negativo* aunque sea por sí mismo o por otros, ha sido un catalítico por algunas de nuestras distorsiones y dolores emocionales. Solo al aceptar las acciones, reacciones, y repercusiones deja avanzar en entendimiento y adaptarse en positividad.

Con el conocimiento de que, por estar en una vibración más alta por empezar, después va a ver una caída en tu onda, es posible que la primera respuesta sea confusión o inseguridad.

También está la posibilidad de que, al levantar vibraciones, la fisicalidad empieza a ser más torpe. También si el Capacitor está activado nos hace sincronizar con la cresta de la onda y cuando haya una caída, aunque suave, se supere el poder escuchar o procesar todas las instrucciones. En este caso, es importante identificar cuál fue el pensamiento de vibración más elevada que precedió a esa caída energética. Posiblemente la sensación de impaciencia por pensar que va a bajar de esa vibración es lo que se siente. En ese caso, debemos preguntarnos si se activó en armonía o en inseguridad. Al tener esto en cuenta, podemos regresar a una vibración más elevada con comprensión, amor y **determinación en amor.** Este ciclo nos permite mejorar nuestra capacidad de mantenernos en esa vibración, mientras el Capacitor emocional procesa de manera diferente, abriendo así posibilidades de una mayor comprensión y consciencia de nosotros mismos.

Cómo correlacionar esto con el Mantra/ la VIDAA

El Mantra es una forma de ayudar a equilibrar el Capacitor en nuestra experiencia de vida. Permitirá que el Capacitor evolucione y cree con más facilidad. Debido a que el Mantra ayuda al Capacitor a elevarnos a una vibración más alta, el Capacitor puede funcionar con más claridad al liberarlo de una de sus tareas principales de apoyarnos a través de toda energía negativa, permitiéndole enfocarse en nuestra alegría y capacidad de vivir mejor nuestra vida. La habilidad de hacernos recordar de nuestra VIDAA que siempre ha estado disponible por más que no hemos dado cuenta *cuán poderoso* puede llegar a ser en nuestra experiencia de la vida. Con práctica el Mantra y el Capacitor trabajarán en armonía, no solamente las caídas sentirán más suaves y fáciles para *procesar* sino que nuestros Capacitores estarán más libres para enfocarse solamente en nuestra evolución espiritual en amor, aportado por nuestras VIDAAs. Es posible que en estos momentos la creatividad en todos tipos de arte brote. De vez en cuando es la manera de llevar la Vibración de Amor a un proyecto y enfocando el amor hacia el proyecto nos hace sanar en una manera que nos hace enfocar en lo físico para ayudarnos sanar lo emocional. Nuestra VIDAA está en fisicalidad creando para nosotros y por nosotros para hacernos recordar y volver a apreciar quienes somos.

NOTA: Este manual fue escrito cuando nuestros Capacitores estaban activados por dolor emocional verdadero y total. Nos dieron un regalo que no era sólo para nosotros sino para cualquiera que haya pasado por lo mismo. Elijo el amor y con su conciencia amorosa esto nos fue dado para darlo a todos y viene del Universo.

Figura 1

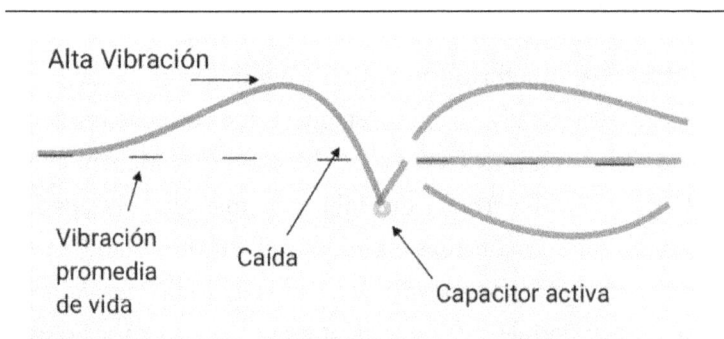

Alta Vibración

Vibración promedia de vida

Caída

Capacitor activa

Figura 2

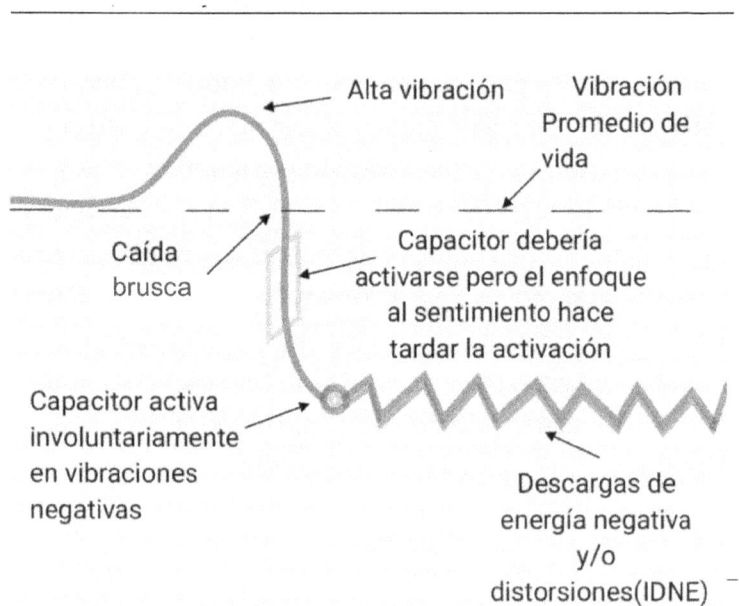

Alta vibración   Vibración Promedio de vida

Caída brusca

Capacitor debería activarse pero el enfoque al sentimiento hace tardar la activación

Capacitor activa involuntariamente en vibraciones negativas

Descargas de energía negativa y/o distorsiones(IDNE)

CAPÍTULO 4

DESCARGAS INVOLUNTARIAS DE ENERGÍA
NEGATIVA (IDNEs)

Según la teoría, se propone reemplazar el término *ataque de pánico/ansiedad* por **descarga involuntaria de energía negativa** (IDNE) debido a nuestra comprensión de la energía y su relación con nosotros, los seres humanos. Nuestro patrón de onda, cuando llegamos a una vibración más alta, bajará a una vibración más baja naturalmente. Cuando ocurre esto nuestro Capacitor se activará para levantarnos a una vibración más alta de nuevo, aunque quizás con distorsiones (FIG 1). Si llegamos a una vibración más alta y la caída hacia las vibraciones más bajas es empinada, podemos sentir la caída de la onda más intensamente. Si empezamos a enfocar en el sentimiento de la caída, nuestro Capacitor activa más tarde y armonizamos involuntariamente en una vibración más baja que causa distorsiones en un momento sensible para el Humano. Esta armonización involuntaria a una vibración negativa causa una Descarga Involuntaria de Energía Negativa (IDNE), o lo que es el principio de lo que consideramos un *ataque de pánico/ansiedad* (FIG 2). Debido a nuestro instinto animal de "huir o luchar", cuando experimentamos una IDNE tenemos el impulso de abandonar físicamente la situación. Como este proceso ocurre en nuestra propia mente, no sabemos cómo "luchar o huir", lo que nos lleva a reaccionar de diferentes maneras: miedo, paranoia, desconfianza en nosotros mismos y en los demás, hasta la pérdida total de armonía. Esta es una reacción mortal del ser humano cuando se pierde el "control" de uno mismo. Es una descarga de energía que nos sitúa en una vibración, que se correlaciona con un estado de emergencia para los seres humanos, si no nos damos cuenta de lo que realmente está sucediendo.

Cuando somos capaces de reconocer que esta reacción está ocurriendo, hay pasos y prácticas que nos puede aportar para levantarnos a una vibración más alta. Después de armonizar con nuestra VIDAA, podemos armonizar con la energía y comprensión de lo que estaba sucediendo, porqué estaba sucediendo, cuál era la inseguridad, el lugar en el que ocurrió y cómo nos sentíamos previamente, así como cualquier recuerdo físico (como hormigueo en la nariz, etc.) que nos guíe.

Podemos empezar a concebirlo de una manera distinta que nos permita, como seres humanos, procesar esta energía sin distorsiones emocionales negativas ni conexiones. Al convertir esto en un hábito positivo (con la intención de comprender, aprender, apreciar el momento y las pequeñas cosas positivas en lugar de recriminarnos por caer en la vibración), le estamos dando a otros que sienten el contraste en ese momento la posibilidad de vivir la experiencia de la alegría de esa vibración. Si la otra persona se siente confiada dentro de esa vibración, nos permitirá a todos sentir gratitud en ese momento y en el futuro, presenciando la transformación en correlación con el amor, la experiencia y la alegría que conlleva.

Cuando experimentamos una IDNE o presenciamos una en otra persona, simplemente al reconocer su ocurrencia, se abren posibilidades hacia lo positivo. La página de referencia del Mantra/VIDAA se puede considerar como una herramienta para encontrar formas de convertir una IDNE en algo voluntario en conjunto con las siguientes prácticas.

Si estás procesando esto antes que una IDNE pase, te invitamos a estar en un lugar donde uno se siente seguro emocionalmente, cómodo físicamente, solo o con otros alrededor que sean personas de confianza. Con estos pequeños detalles cubiertos, puedes empezar a integrar este proceso más fácilmente. Si estás procesando esto mientras estás pasando por una IDNE, el proceso es lo mismo.

Preguntar y contestar lo mejor que puedas estas 6 preguntas:

¿Adónde estás?

¿Lo consideras un lugar seguro?

¿Con quién estás?

¿Si estás con otros, hay confianza emocional verdadera?

¿Qué estás haciendo?

¿Es aceptable o más que aceptable?

Acá hay tres ejemplos

Estoy en casa solo, leyendo un libro

Estoy en un bar cantando con mis amigos

Estoy en una tienda con un amigo comprando cosas

Primer ejemplo:

¿Adónde estás? Estoy en casa.

¿La consideres un lugar seguro? Sí.

¿Con quién estás? Estoy solo.

¿Si estás con otros, hay confianza emocional con ellos? n/a

¿Qué estás haciendo? Estoy leyendo un libro.

¿Es aceptable o más que aceptable? Sí, me gusta leer.

Estás en un lugar seguro sólo haciendo algo que te gusta. Estás teniendo una IDNE porque sientes que nada puede lastimarte en este momento y estás descargando energía negativa para tu beneficio después en la vida. El sentimiento no fue intencional solo no entendía que estaba pasando. Entender esto va a permitirte salir del IDNE más rápido y vivir más contento por más tiempo lineal. Sumar la repetición de tu Mantra en este momento te ayudará a salir de la IDNE más rápido y vivir una vida más alegre por más tiempo lineal. Integrar el conocimiento de que estás permitiéndote procesar un cambio emocional en las dinámicas de tus ondas para tu beneficio es inspirador para toda la Humanidad.

Segundo ejemplo:

¿Adónde estás? Estoy en un bar.

¿Lo consideras un lugar seguro? No puedo contestar eso ahora; pregunta siguiente

¿Con quién estás? Estoy con amigos.

¿Hay confianza emocional con ellos? Sí, son mis amigos.

Estás en un bar con amigos. Puedes considerar el bar seguro? Sí.

¿Qué estás haciendo? Estoy por cantar.

¿Es aceptable o más que aceptable? ¡Sí! ¡Me encanta cantar!

Estás en un lugar seguro con gente que hay confianza haciendo algo que te encanta. Estás teniendo un IDNE porque sientes que nada puede lastimarte en este momento y este momento estaba hecho para celebrar y descargar energía en positividad y alegría. Tu mereces este momento de alegría. La repetición de tu Mantra en este momento te ayudará a salir de la IDNE más rápido y vivir una vida más alegre por más tiempo lineal. Integrar el conocimiento de que estás permitiéndote procesar un cambio emocional en las dinámicas de tus ondas para tu beneficio es inspirador para toda la Humanidad.

Tercer ejemplo:

¿Adónde estás? Estoy en una tienda.

¿La consideras un lugar seguro? No sé, No parece. No puedo contestar ahora; pregunta siguiente.

¿Con quien estás? Estoy con un amigo.

¿Hay confianza emocional con ellos? Sí.

¿Que estás haciendo? Estoy comprando cosas.

¿Es algo aceptable o más que aceptable? Sí.

Estás en una tienda con un amigo que confías, haciendo algo aceptable. Estás teniendo una IDNE porque hay parte de ti que siente que estás en un lugar seguro y que puedes descargar energía, aunque no sabes bien conscientemente. El enfoque ahora es entender que estás en una caída y repetir el Mantra para salir de la IDNE más rápido para poder darte la oportunidad de procesar una vibración y perspectiva diferente. Usar tu Mantra y que funcione es una maravilla en nuestra realidad que permite sanar más rápido y vivir más tiempo lineal en alegría.

Otras posibilidades de que porqué ocurrió la IDNE en este último ejemplo puede ser que el Capacitor no podía absorber más energía y tenía que descargar en el momento en que sea posible cierta seguridad y comodidad, sintiendo quizás un lugar público más seguro que en un lugar privado. Otra posibilidad puede ser que haya una vibración que tiene que estar sanada que tiene que ver con otros momentos de su pasado, etc.

INESTABILIDAD EMOCIONAL ES SENSIBILIDAD
ENERGÉTICA.

ESTAMOS SINTIENDO NUESTRAS ONDAS ENERGÉTICAS.

ESTAMOS RECONOCIENDO NUESTRA DIVINIDAD
EN LO FÍSICO.

La teoría sugiere practicar el mantenimiento de una energía positiva, el Mantra, durante los momentos que dure una caída (o en un valle). Permitirse apreciarse a uno mismo sin miedo ni resistencia. Estar vivo y hacer esto es un momento crucial en nuestra experiencia de vida y puede tener un impacto significativo en la forma en que gestionamos nuestras emociones como seres humanos.

La teoría propone que no todas las IDEs son negativas. Cuando nosotros estamos en armonía y energía positiva, una IDE puede ser motivo de celebración y alegría en lugar de causar la reacción de huir o luchar. La idea de bailar en el momento se presenta, incluso sin música, sonreírse a uno mismo, saltar en lugar de caminar, detenerse y orar, entre otras acciones. Estas IDEs positivas permiten apreciar lo que nosotros sentimos emocional y energéticamente, y se transforman fácil y posiblemente con entusiasmo hacia una experiencia voluntaria. Esto también brinda apoyo a aquellos que están experimentando el contraste. Cuando reímos y aplaudimos o nos golpeamos las rodillas, nos recordamos que no sólo podemos estar temporalmente en una vibración superior y en lo físico al mismo tiempo, sino que podemos vivir en ello.

"¿Adónde estoy?" "¿Con quién estoy?"

"¿Qué estoy haciendo?" "Estoy teniendo una IDNE" "Mantra"

"Mantra"

"Mantra" (por el tiempo necesario)

"Gracias, gracias, gracias"

Cuando estás listo puedes preguntar porqué, perdonarlo, y vivir una vida más amorosa con alegría verdadera.

Esto es posible y lograble con paciencia y práctica. Armonizarás más rápido y rápido en tiempo lineal hasta que tengas DE en altas vibraciones, una oportunidad valerosa repetible.

En todos los ejemplos, aunque no está dicho cuando saliendo de la IDNE en el momento, hay una correlación: Hay una distorsión que tiene que estar sanada para mantenerte en altas vibraciones por plazos más largos de tiempo lineal. No son castigos ni juzgas, son *distorsiones energéticas* que pueden estar sanadas con perdonar, transformar, poner en mudo, y estar tranquilo que no vas a escuchar sus distorsiones más en tu armonía.

La página de referencia es una herramienta que nos ayuda a convertir una IDNE en una experiencia voluntaria, permitiéndonos armonizar rápidamente con nosotros mismos. Al hacernos las preguntas "¿Cuál fue el último pensamiento antes de sentir inseguridad?" y "¿Cuál fue esa inseguridad?", podemos identificar una cresta de ola y una pausa de onda respectivamente. La cresta nos brinda la oportunidad de surfear, mientras que la pausa nos permite transformarnos hacia la siguiente ola, eliminando la distorsión y silenciando la nota discordante en nuestra propia armonía.

Al cuestionarnos "¿Dónde estoy?", "¿Qué estoy haciendo?" y "¿Con quién estoy?", y reconocer que estamos experimentando una IDNE, podemos practicar la paciencia y la auto-observación para armonizarnos en un tiempo cada vez más breve. De esta manera, podemos alcanzar un estado en el que experimentemos IDNEs en vibraciones elevadas de forma repetible. Aunque es un desafío, esta capacidad de armonizar con nosotros mismos resulta sumamente gratificante para nosotros como seres humanos.

La teoría propone que, cuando uno está listo para comenzar a escuchar más aún su propia armonía y a la vez está listo para armonizar, sanar, y silenciar las distorsiones, se puede utilizar esto como una referencia adicional. La transformación es la evolución de amor.

1. Reafirmar en uno mismo el origen, la comunidad, las personas que nos rodean, las ideologías, la concepción de uno mismo, el entorno y las vibraciones; cuestionar la lucha, el desafío y la parte que se está intentando superar.

2. Recordarse a uno mismo quién estaba destinado a ser al nacer, cuál era su propósito o destino.

3. Permitirse el proceso de duelo y silenciar las distorsiones emocionales que surgen del desafío, manteniendo una de-

terminación arraigada en el amor y abrazando plenamente nuestra humanidad.

4. Comprender el anhelo de mantener una consistencia en un futuro lleno de infinitas posibilidades en constante evolución, y hacerlo desde una base emocional sólida, como un prisma que refleja elecciones respaldadas por un sistema sólido.

5. La armonización y el centro en uno mismo actúan como el templo que nos mantiene unidos. La libre expresión de uno mismo, tanto dentro como fuera de ese templo, nos reconecta con nuestras raíces, nuestra comunidad, las personas que nos rodean, nuestras ideologías, nuestra idea de nosotros mismos, el entorno y las vibraciones. Nos permite responder por qué hemos enfrentado luchas, por qué hemos tenido desafíos. La parte que estábamos intentando superar ya no es forzada, porque nos hemos convertido en nuestro ser expandido. La hemos reconocido, comprendido y perdonado, al igual que lo hemos hecho con nosotros mismos.

Si lo analizamos desde una perspectiva espiritual y energética:

Trascendiendo la rigidez de la antigua programación
hacia tu nuevo destino como ser,
permitiendo el duelo para soltar,
abriéndote a nuevas posibilidades
en tu propio templo interior, y
experimentando la intención y la creencia.

Una parte de lo divino tuvo que separarse para vivr la experiencia del contraste,
el ángel y la oposición, con el fin de conocerse a sí mismo
y comprender que se manifiestan como sonidos.
Sin embargo, estas vibraciones contrastantes
surgen de una conciencia de sí mismo
cuyo propósito es el amor divino;
esa es la razón de su existencia.
Es este propósito lo que los completa.

Y el valle podría ser simplemente "el valle" en forma de una vibración.
No podemos separar uno del otro,
eliminar las negatividades del valle o la caída,
transformarlo en beneficio de la humanidad,
Es comprenderlo todo

En cierto sentido, la Vibración de Amor (VL),
la vivencia ampliada, puede ser un recuerdo emocional.
Incluso si se experimenta solo una vez, puede considerarse un regalo.
No necesariamente se limita a un único momento en el tiempo,
pero no forma parte de nuestra experiencia habitual.

La comprensión actual debe centrarse en la sanación de esa experiencia,

en este preciso momento, como parte de lo que debe ocurrir,
ya que la conciencia divina expandida
no experimenta la tristeza,
sino que la reconoce como parte de su propia esencia.

Hace todo lo posible para preservarse, con el propósito
de regresar y apreciar su propia concepción.
Tuvo que comprender la compasión,
la necesidad de no juzgar a los seres humanos emocionales
que somos
ni las acciones que hemos llevado a cabo en el contraste,
para poder tomar las partes más hermosas y utilizarlas
para crear.
Sin embargo, cuando nos damos cuenta del contraste emocional,
podemos dejarlo atrás y celebrar haberlo sanado.
Es posible que la ira surja, pero forma parte de nuestra historia.
Realmente no podríamos comprender plenamente sin
haberlo vivido.

Atravesaremos las etapas del duelo,
el proceso de duelo que nos lleva a ser auténticos,
pero lo contemplaremos en su belleza.
Y lo veremos desde la Vibración de Amor (VL) de la cual
todo surge,
incluso las vibraciones negativas tienen su origen en ese mismo amor,
y eso es lo que somos,
todo está en nuestro ADN.

La mente fue considerada como el villano.
Estaba resguardando nuestro corazón,
permitiendo el perdón de las palabras y
evitando tomar las cosas de manera personal,
así como integrando sonidos, luces y experiencias pasadas
en la memoria y en el ADN.

En el contexto de vivir esta vida,
solo con el corazón,
no había lugar para el pensamiento;
solo existían deseos reprimidos (por no comprendernos a nosotros mismos como el Universo manifestado en seres humanos mortales, la sexualidad, la mortalidad, el poder sobre uno mismo y los demás, la alegría, la conexión con los demás, la aceptación de nuestras imperfecciones y, aun así, ser considerados perfectos por nosotros mismos y por los demás en nuestro proceso de aprendizaje y valoración, y muchas otras cosas).
Esto, en combinación con la Vibración de Amor,
y sus efectos tanto en conjunto como por separado,
así como la conexión entre la mente y el corazón,
nos permitió discernir con mayor claridad,
movernos de manera más pausada y liviana,
y apreciar plenamente nuestras experiencias.

Sin embargo, ahora es el momento de abrazar la belleza
de la verdad y soltar todo lo demás.

A menudo asociamos el karma con la transformación negativa, pero en realidad, es nuestro buen karma.
Somos los cocreadores de nuestra realidad.

El corazón alberga las emociones (las vibraciones y las distorsiones).
La mente guarda el pasado transformado.
Eso es el karma, viviendo nuestra experiencia.
¿Por qué nos hemos estado causando esto a nosotros mismos... el contraste... reconociendo el contraste?
El propósito de la Tierra es lograr una verdadera conexión, cerrar el círculo por completo...

Transición, transformación, integración.

CAPÍTULO 5

LA CULPA Y SUS EFECTOS

LOS HÁBITOS (POSITIVOS Y NEGATIVOS)

La teoría propone que la culpa es una vibración, energía, y distorsión en sí. Es una de las vibraciones negativas con la cual armonizar y correlacionar con la VL. Puede pasar como resultado de estar en paralelo con la VL y sentirse obligado, ya sea por uno mismo (debido a hábitos o programación antigua) o por otra persona a creer que el camino seguido para alcanzar la VL está en conflicto (contraste) con las propias intenciones de amor, o ha causado sufrimiento a uno mismo o a otros, o que no merece mantenerse en una vibración alta, aunque esto pueda ser ficticio. Esto puede generar desafíos al tomar decisiones sin distorsiones debido a la inseguridad que provoca la culpa en sí misma. **El perdón es más fuerte en todos aspectos.**

La culpa ha sido empleada como una herramienta de manipulación por individuos usando instituciones, como las religiones, la sociedad o la familia, para sus propios intereses. Su objetivo es mantener a las personas en un estado constante de vulnerabilidad, haciéndolas sentir obligadas a reconocer continuamente sus imperfecciones. En algunos casos, esto puede llevar incluso a la renuncia de la propia autonomía en acciones y decisiones, cediendo el control a otros.

Existe una completa falta de reflexión sobre las repercusiones de estas acciones, lo que resulta en una desactivación del Capacitor, permitiendo que en el contraste se absorban todas las distorsiones y uno se sumerja directamente en una vibración de culpa perpetua.cuando uno experimenta la sensación de haberse causado daño a sí mismo o a otros, surgen inseguridades. Como resultado, el Capacitor se activará con el objetivo de mantenerse en vibraciones más elevadas, y permanecerá activo hasta que se reconozca la posibilidad, incluso si es solo producto de la imaginación.

La teoría sugiere que la culpa puede tener dos fuentes: las distorsiones de *culpar* a uno mismo o a otros, y la aceptación de esas distorsiones de *culpar* dentro de la propia armonía, ya sea por parte de uno mismo o de otros.

Los seres humanos hemos sido programados para percibir **el cambio**, incluso cuando es en nuestro propio beneficio, como un desafío, aunque sea algo positivo. El mero hecho de que represente una modificación en nuestra rutina puede generar inseguridad al momento de tomar decisiones cuando se nos presenta una oportunidad para hacerlo (ciclos y engranajes). Existe la posibilidad de que alguien lo interprete de manera negativa y, de forma impulsiva, altere su vibración, lo cual a su vez puede provocar ese cambio.

También ocurre un cambio en el enfoque de aquello que se deseaba cambiar inicialmente. Esto puede generar sentimientos de culpa al no poder completar la tarea, grabando distorsiones en relación con las intenciones y llevando a uno a creer que el esfuerzo es inútil, ya que al final se vivirá la experiencia de vibraciones negativas de todas formas. Esto es lo que ocurre; pero sucede debido a la relación que existe entre la vibración de la distorsión y la intención propiamente dicha, y no a causa de la falta de motivación o fortaleza emocional de uno mismo.

Esta teoría sugiere que es fundamental lograr un auto-entendimiento y comprender el tiempo lineal y el espacio, con el fin de recuperar la capacidad de establecer intenciones con determinación en el amor. Si no se reconocen al menos las distorsiones correlativas (no es necesario que estén completamente resueltas para tomar decisiones positivas alineadas con las intenciones), es posible que se perpetúe un ciclo negativo. La clave para superar esto radica en armonizarse con el propio Capacitor, comprender las intenciones y trabajar en su sanación.

En la perspectiva espiritual y energética:

Conciencia de la "necesidad de regular" nuestras emociones,
el desafío de "gestionar" nuestras emociones,
ser apasionado o sensible.
Uno intenta "controlarlo",

Ser amoroso, reaccionar de forma positiva o negativa era mal visto.

"Aprende a controlar tus emociones".

A veces, nuestras emociones escapaban a nuestro "control".

Todo lo que sucede es amor o una llamada al amor.

Las facetas que interpretamos son asombrosas.

Debemos apreciar eso,
no poder controlarlo
y luego no entender por qué
intentamos comprenderlo.

En lugar de dedicar tiempo a comprender, nos apresuramos a juzgar.

El acto de juzgar crea una energía que no circula,
preguntas que necesitan ser respondidas, una solución
al desafío.

Culpar o juzgar descarta la posibilidad de encontrar una solución.

El amor pone el foco en el problema (desafío) y lo ve como algo que debe ser resuelto. Tómalo como algo hermoso.

¿Qué se requiere para respaldar esto?

Dejar a un lado el "control" y comenzar a buscar la armonía. La acción debería ser automática pero no siempre lo es.

El Capacitor absorbiendo energía negativa
fue una adaptación a una experiencia que ya no es necesaria.

Transformación.

Evolucionar constantemente hacia un estado de
mayor vibración.

No es la vibración más alta el propósito;

sino la experiencia más gratificante del yo, y el yo es amor.
El amor es el anhelo del yo de conectarse con los demás
y vivir la experiencia de algo completamente nuevo en cada
momento de la vida. Cuando se trata del individuo
y su interacción con el colectivo,
las posibilidades son infinitas.
Lo que faltaba era la dinámica que surgía de la interacción
entre la humanidad y los ángeles. Esta expansión nos abarcaba
a todos y la humanidad se curaba a sí misma,
el círculo se cerraba consigo mismo.

La teoría sugiere que los hábitos pueden tener una influencia
positiva o negativa, según cómo nos ayuden a progresar. Si
los hábitos presentan alguna forma de distorsión o culpa que
proviene de uno mismo, es necesario encontrar una manera
de transformar esos hábitos hacia la positividad. Esta transformación permite que el ciclo de hábitos positivos nos lleve
a vivir en vibraciones más elevadas durante períodos más
prolongados de tiempo.

El lenguaje que empleamos puede ser uno de los aspectos más
relevantes de la vida humana. Cada palabra que pronuncia-
mos como seres humanos no solo tiene un significado único
para cada persona, sino que también posee una energía o vibración interna que puede impactar a otro ser terrenal de una
manera que quizás no hayamos sido capaces de comprender
hasta ahora.

Por ejemplo, la palabra "abuso", ya sea pronunciada en voz alta o en nuestro interior, puede generar una disminución inmediata de nuestra vibración y/o provocar distorsiones internas, una posible influencia energética disfuncional, entre otros efectos, simplemente debido al significado que esa palabra tiene para cada individuo Humano y la energía que la rodea.

Gracias a esta comprensión, el vocabulario que utilizamos tanto internamente como en voz alta puede desencadenar reacciones inesperadas en nosotros mismos y en los demás, incluso reacciones que los demás no esperaban tener. Esto puede tener repercusiones que generan distorsiones para todos los involucrados en ese momento. Cuando uno emplea palabras como "loco", "increíble" o "inconcebible", se está diciendo a sí mismo de manera subconsciente: "Soy loco si acepto esto como parte de mi realidad", "esto no es creíble en mi realidad", "esto no es plausible en mi realidad", etc., negando así lo que uno ha presenciado en su experiencia de vida. Es el valle, la inseguridad de creer en algo que uno sabe que ha presenciado.

Sin embargo, la inseguridad de que nadie les creería es lo que impide creer en sí mismos, ya que se juzgan subconscientemente en una caída de vibración que ocurre justo después de estar en un estado de vibración más elevada, ya sea solos o con otros, posiblemente con el Capacitor activado en ese momento.

A causa de vivir la experiencia de la VL, el Capacitor puede aprovechar el contraste para intentar equilibrarse. Sentir la VL y decirse inmediatamente a uno mismo que es "increíble" para mantener la vibración en la que uno se encuentra (para equili-brar los contrastes) implica simplemente una transformación de hábitos y vocabulario, permitiendo que la experiencia y las personas que la disfrutan se armonicen con la comprensión de que nuestra realidad tiene mucho más para ofrecer.

La teoría sugiere que el Capacitor podría estar resguardando al ser humano de distorsiones negativas durante el letargo. No es consciente; su propósito es protegerse de la desilusión y la posible sensación de "juicio" debido a la imperfección al con-fiar en la VL Un cambio en el vocabulario hacia palabras como "asombroso," "maravilloso," "impresionante," "hermoso," etc., permitirá procesar la experiencia sin negarla, tanto para uno mismo como para los demás.

Uno de los hábitos más importantes que se pueden tener es ser consciente acerca de cómo uno se habla a sí mismo y a partir de ahí, de cómo se habla con los demás. Si uno se habla de ma-nera negativa, no solo es difícil enfrentar desafíos y alcanzar metas con determinación en amor, sino que, si otro ser huma-no comienza a hablarle negativamente a esa persona, significa que dos individuos (siendo uno mismo uno de ellos) están emi-tiendo vibraciones y distorsiones negativas. La repercusión de esa vibración también se emite y posiblemente es percibida por otros que se encuentran en esa misma vibración.

En esa situación, nosotros podemos volvernos vulnerables a la manipulación por parte de los demás. Cuando nosotros es-tamos bajo presión para alcanzar un objetivo y completarlo, tendemos a centrarnos únicamente en los errores, las dudas y las experiencias negativas que ha tenido. Es más difícil sentir autoestima y estar orgulloso de nosotros mismos debido al hábito de hablarnos de forma negativa, lo que puede llevar a comunicarnos con los demás de la misma manera en la que nos hablamos a nosotros mismos.

Esto puede generar sentimientos de culpa y activar el Capacitor como forma de protección contra la negatividad, tanto interna como externa, lo que puede perpetuar un ciclo negativo en forma de hábito. La teoría propone que nosotros siempre nos hablemos a nosotros mismos con amor en lugar de usar refuerzos negativos, practicando la cordialidad y la cortesía, mostrando respeto hacia uno mismo y hacia los demás, cultivando la paciencia, el perdón y la comprensión de que el proceso requiere el tiempo necesario para cada individuo.

Cuando uno se fuerza a sí mismo o a otros a cambiar su vibración en lugar de buscar la armonía, eso es juicio/manipulación. Si nos desvalorizamos a nosotros mismos, estamos alterando nuestra vibración tanto consciente como subconscientemente.

Si esto ocurre mediante el hábito de situar a alguien en una vibración en la que se sienten cómodos debido a experiencias pasadas en su vida, eso es responsabilidad de la persona. Si alguien se ve obligado a hablar mal de sí mismo, o tratarse con falta de respeto y juicio, está generando su propia repercusión de energía negativa y creyendo que es solo víctima de ella, cuando en realidad es tanto víctima como su presente perpetrador (victimario).

La teoría sugiere que, como seres humanos, no hemos comprendido este razonamiento antes. Sentir culpa por tratarnos de esta manera sin comprender el diálogo interno que hemos construido a través de nuestras experiencias de vida, puede generar IDNEs, distorsiones de ondas y/ o activación del Capacitor (posiblemente con una connotación negativa debido a la vibración), lo cual se presenta como un ejemplo propio de estar inmerso en esa vibración.

Es una reflexión de inseguridad que puede ser sanada al aceptar la posibilidad, perdonarse por no haber comprendido previamente, ya que nadie lo hizo, y liberarse de la distorsión emocional vibratoria de la experiencia pasada en sí misma. No es necesario olvidar la experiencia, si uno no desea hacerlo, ya que puede formar parte de un proceso de aprendizaje.

Si se decide seguir este camino, se recomienda hacer uso de las referencias del capítulo IDNE y tener fe en que la distorsión vibratoria emocional de la experiencia ya no está presente, a menos que se desarrolle empatía hacia otras personas que compartan sus vivencias. En este sentido, el Capacitor puede permitir que uno sea empático con la experiencia y el sentimiento, comprendiendo el sufrimiento sin caer en la misma vibración.

La teoría sugiere que comiences a hablarte a ti mismo con amor y aceptación por quién eres como ser humano. Esto transformará un hábito negativo en uno positivo.

Cuando nosotros cambiamos nuestra lenguaje o nos damos cuenta de cuándo nos hablamos negativamente y entendemos que es un proceso, perdonándonos a nosotros mismos, comenzamos a sentir un profundo orgullo personal. Cada transformación eleva las vibraciones de nosotros mismos y de todos los demás seres humanos que se encuentran en esa misma frecuencia.

Con el tiempo, hablar de manera negativa hacia uno mismo y hacia los demás creará más tensión y energía, lo que refleja el respeto que uno ha aprendido a tener hacia sí mismo. Esta transformación impacta en el mundo, en la alegría del presente, en el propio futuro y en el futuro de los demás, todo ello a través de una palabra y una intención.

La teoría propone que el perdón profundo y vibracional, con amor hacia uno mismo y/o hacia los demás, libera de distorsiones de inseguridad emocional y vibracional. Sin manipulación presente o futura, es una decisión poderosa que un ser humano puede tomar.

La inseguridad tiene poder, pero el perdón tiene más. Uno puede armonizar al ser vulnerable y aceptado con sus imperfecciones, aprendiendo de sí mismo y/o de los sentimientos de los demás sin juzgar.

Uno puede vivr plenamente la experiencia de la Vibración de Amor, silenciando las distorsiones y logrando una armonía total al comprender que vivimos en un mundo imperfecto y que somos amados por nuestra perfección al ser parte del Universo en constante aprendizaje.

La renovación del equilibrio de nuestro Capacitor se producirá de manera más intensa, respaldando el progreso positivo en nuestra vida y en las experiencias propias y/o de los demás, gracias al proceso de sanación.

La teoría plantea que, al perdonar de esa manera, se produce una transformación que otorga permiso, abre una perspectiva diferente y armoniza con la energía del propósito de nuestra vida. En resumen, la reacción es la causa de la transformación tanto en nosotros mismos como en los demás.

La teoría nos anima a permitirnos vivir la experiencia de la sanación de un dolor o distorsión pasada en la misma vibración. Al reconocer el propósito del contraste (la inseguridad), el modo en el que vivimos nuestras experiencias con los demás cambia de forma instantánea, transformando el contraste (la inseguridad) en su opuesto (la vibración/experiencia de amor).

De hecho, es posible vivir la experiencia de duelo y tristeza al reconocer el pasado, permitiéndonos reconocer el dolor y las experiencias que nos han moldeado. Es a través del perdón, la comprensión y la valoración del propósito que cumplió, que realmente podemos avanzar de manera positiva tanto para nosotros mismos como para todos los seres humanos en esa misma frecuencia. La teoría propone que, al abrazar las lecciones aprendidas, encontrar gratitud por el crecimiento y la transformación resultantes de esas experiencias, podemos cultivar un profundo sentido de aprecio por el viaje que hemos emprendido.

Hay niveles de aprecio que todavía no hemos procesado como seres humanos, pero nos permiten ser libres y capaces de crear sin resistencia ni distorsiones. No pudimos apreciar plenamente el proceso hasta que lo entendimos.

En la perspectiva espiritual y energética:

Nuestras decisiones en la confusión de la caída
han generado un gran daño
Al comprender su propósito,
el amor evoluciona de manera natural hacia el contraste,
tomando conciencia de la caída y experimentando la transformación.

La experiencia más dolorosa en contraste
se convierte en la experiencia más alegre en la VL cuando
se transforma.
¿Cuál es el equivalente emocional de esa distorsión vibracional
si se coloca en el lado positivo?
¿Cuál es el contraste emocional positivo perfecto?
La transformación implica expandir y enriquecer los aspectos
que causaron la caída.
Este proceso de transformación se vuelve cada vez más hermoso y dinámico.
Así es como funciona. Permite a cada individuo encontrar su propia verdad, su propio ser,

incluso aquellos que han enfrentado dificultades debido al miedo. Todo depende en nuestro entender, perdonar, inspirar, avance.

La teoría sugiere que el profundo aprecio o agradecimiento, al igual que el perdón, es una energía vibracional poderosa que puede transformar la vida tanto de uno mismo como de los demás en situaciones de vibración negativa. Expresar un aprecio profundo hacia uno mismo y/o hacia los demás emite una vibración tan poderosa que, debido a experiencias pasadas negativas, sentimientos de culpa, falta de autoestima o humildad impuesta, puede resultar desafiante aceptarlo sin distorsión.

Uno puede vivir la experiencia de la sensación de no merecer la energía de esa vibración debido a su imperfección (siendo que todos somos imperfectos y perfectos al mismo tiempo), y puede tener pensamientos que le impidan aceptar plenamente el aprecio. Es simplemente una caída en inseguridad después de una hermosa armonización con la VL Sin embargo, como es solo una caída, podría activar el Capacitor innecesariamente, lo que impide que la vibración sea enviada con amor en una energía y forma diferente.

Cuando uno acepta plenamente la apreciación, la energía de ambas partes (el que aprecia y el que es apreciado, incluso si es uno mismo) eleva la vibración para todos los involucrados en la experiencia y para otros seres humanos. Al expresar un profundo agradecimiento, uno puede sentirse vulnerable, pero al mismo tiempo se experimenta el poder de la energía de gratitud.

La intención de los seres humanos es vivir de esa manera, en cada momento, siendo vulnerables y fuertes en la VL, sabiendo que tenemos la energía para recibir y dar sin inseguridades, lo que nos permite vivir nuestras vidas en vibraciones más elevadas. Cuando uno ora, medita, contempla la puesta de sol o mira las estrellas, al conectarse de esta manera consigo mismo y con los demás, se puede sentir la energía y comprender el significado de vivir en vibraciones.

En la perspectiva espiritual y energética:

Mantenerse en ese entorno seguro,
la inseguridad surge con las vibraciones. (caídas con posible IDNEs)
Las interpretaciones no pueden acceder a las experiencias de vibración más elevada.
La comunicación entre las vibraciones más bajas y altas implica la expansión del amor.

No hay otra forma de vivir.
La vibración es la base de nuestras decisiones
y, al estar inmersos en esas vibraciones,
hemos tenido que aprender la compasión a través de reiteradas experiencias.
Hemos tenido distintas experiencias de empatía, compasión y amor en nuestros encuentros,
tanto a nivel físico como espiritual. Inicialmente, esto nos generó confusión, pero con el tiempo logramos comprenderlo.

La capacidad de aprender la compasión (empatía)
nos permite entender los sentimientos y pensamientos
de los demás.
Todo adquiere sentido
porque nos permite interactuar de manera hermosa.
Sin embargo,
tuvimos que aprender las dinámicas de los demás desde
esta perspectiva,
reconociendo que, en realidad, nos estamos reuniendo con
nosotros mismos
en diferentes niveles de interpretación.
A medida que nos acercamos,
Experimentamos una sanación
cada vez más profunda.
Reconocemos que estas son las experiencias más gratificantes.
Comprender lo que aprendemos en la riqueza,
profundidad y calidad de la experiencia,
así como el proceso de unificación, es de suma importancia.
En el vasto Universo,
ha habido una etapa de expansión
seguida de una etapa de contracción.
Hasta ahora, hemos estado inmersos en el contraste.
Pero este es nuestro momento,
como seres humanos y como parte integral del Universo,
de expandirnos en calidad y abundancia,
sumergiéndonos en la profunda experiencia del amor, conscientes de esa perfección que todo lo impregna.
Es una elección personal,

a medida que nos acercamos a este lugar,
momento a momento,
comenzamos a transformarnos en la totalidad de la existencia,
hasta que todos estemos unidos en ese mismo espacio.
Las interacciones entre nosotros y cómo se establecen
nos llevarán de regreso al contraste,
pero ahora con una profunda conciencia de todo lo que
experimentamos,
lo que nos llevará a una nueva forma de vivir nuestras vidas.
Viviremos la experiencia de una constante expansión en el
amor,
transformando la velocidad y reinterpretándola.
Nos volvemos conscientes de nuestra participación en
esta creación.
La gratitud y el aprecio por el amor se elevarán enormemente.

CAPÍTULO 6

EL IMPULSO
EL CONTROL/LA ARMONÍA
LA IMPORTANCIA DEL PERDÓN

La teoría propone que el ejemplo más sencillo para comprender cómo vivimos en ondas es observar el movimiento emocional del impulso. Cuando seguimos un impulso, ya sea de otra persona o propio, experimentamos rápidamente un cambio en nuestra vibración debido a la espontaneidad del momento. Sin embargo, este impulso también puede llevarnos rápidamente al contraste, donde nuestra vibración también disminuye de manera espontánea. Lo que ocurre a continuación es una reacción en forma de una "caída de onda", que puede manifestarse como un contraste entre un estado de "sí" absoluto y un pensamiento de "no" absoluto, a menudo llegando a nuestra mente tan rápidamente como el impulso inicial.

Es importante recordar el pensamiento que surge antes de la caída y reconocer que no se trata de una negación total del im-

pulso inicial. Es simplemente uno mismo asegurando su bienestar vibracional en el momento presente y a futuro.

Dada su naturaleza instantánea, es de suma importancia que uno reflexione sobre su bienestar hasta llegar a la introspección. De acuerdo con la teoría, la rápida caída en el valle puede tener un impacto significativo en uno, debido a experiencias pasadas, distorsiones de culpa y la vibración en la que uno se encuentra en ese momento, entre otros factores. Es esencial explorar estos aspectos para comprender y abordar de manera adecuada el efecto de esa caída en nuestra vida y bienestar emocional.

El Universo nos invita a disfrutar de la vida y, al mismo tiempo, a cuidar de nosotros mismos, no solo en relación con los impulsos, sino también en cuanto a las reacciones y repercusiones que les siguen, ya sean positivas, negativas o neutrales. Nuestra vulnerabilidad ante otros seres humanos ya sea a través de palabras, vibraciones u otras formas de interacción, puede influir en cómo experimentamos esos impulsos. Aunque en algunos casos el impulso puede resultar divertido en el momento, es importante tener en cuenta las consecuencias y considerar nuestro bienestar en un sentido más amplio.

No obstante, las repercusiones sin un proceso de pensamiento adecuado pueden ser negativas, lo que afecta nuestra capacidad de disfrutar de los impulsos sin vivir la experiencia de las emociones negativas posteriormente. Además, es posible que sintamos culpa impuesta, ya sea por nosotros mismos o por influencia de otras personas. Es importante reconocer y abordar estas distorsiones para poder vivir los impulsos de manera más plena y libre de cargas emocionales negativas.

Existe también la posibilidad de que simplemente no queramos vivir la experiencia de una disminución en nuestra vibración y, en ese momento, no nos preocupemos por las consecuencias- La respuesta podría ser un "sí" a todo sin ningún sentido de bienestar.

La intención es encontrar un equilibrio entre seguir nuestros impulsos en el presente y considerar su impacto en el futuro. El valle nos brinda la oportunidad de cuidar nuestro bienestar tanto en el momento presente como en el futuro, sin juzgarnos a nosotros mismos ni ser juzgados por otros. De esta manera, aseguramos nuestra propia alegría en el presente y en el futuro de manera coherente y continua.

La teoría sugiere que, dado que los seres humanos vivimos en ondas energéticas, se nos ha recomendado "regularnos", "controlar" nuestras emociones, "dirigir" nuestras acciones, "dominar" nuestros pensamientos y, al mismo tiempo o en ocasiones distintas, se nos ha sugerido simplemente "déjalo ir". Nuestras frustraciones u otras inseguridades podrían haber persistido debido al intento de controlar algo que no puede ser controlado.

Esto puede ocasionar una alteración en las ondas, impidiendo su fluidez y sincronización.

Poseemos la habilidad de generar nuestra propia alegría al igual que podemos generar nuestro propio sufrimiento, aunque no es obligatorio vivir la experiencia de este último. Es precisamente por esto que surgen el Capacitor y el Mantra: ya no resulta necesario vivir una vida con distorsiones emocionales negativas. Debemos cambiar nuestra perspectiva y enfocarnos en "armonizar" en lugar de intentar "controlar" o "dejar ir" las emociones.

El ejercicio del control implica imponer armonía, lo cual puede resultar en distorsiones vibratorias. Es algo que podemos practicar y convertir en un hábito positivo. Es tan sencillo como recordarnos a nosotros mismos el objetivo de armonizar en lugar de controlar. La frase "dejarlo ir" puede ocasionar interrupciones (sentimientos de culpa, frustraciones, etc.), generando inseguridad en términos de "¿por qué otros pueden soltarlo y yo no?". La armonización implica abarcar ambos aspectos simultáneamente, lo que permitirá elevar la vibración sin distorsiones.

La diferencia es sutil pero extremadamente relevante para comprender, asimilar y aplicar en nuestro día a día. No debemos vivir la experiencia de la inseguridad por no haber comprendido esto en el pasado, ya que ninguno de nosotros era consciente de esta distinción y cómo afecta la dinámica de las ondas en nosotros mismos y, al mismo tiempo, en los demás.

Tenemos la capacidad de modificar energéticamente nuestra vibración para liberarnos de la distorsión emocional que genera inseguridad, alterando así la ondulación de esa onda particular y nuestras experiencias negativas previas. El concepto de "perdonar" en la expresión "perdonar y olvidar" implica comprender el proceso de perdonar todo lo relacionado con esa in-seguridad, incluyendo nuestras propias acciones, aunque sean inocentes, dentro de esa experiencia.

El término "olvidar" en el contexto de "perdonar y olvidar" im-plica dejar atrás el "ruido" de la distorsión emocional asocia-da con esa experiencia, no la experiencia en sí misma. Es un proceso de transformación que marca el comienzo del ciclo de sanación.

Con el transcurso del tiempo suficiente, uno puede alcanzar una completa desvinculación emocional de esa experiencia, incluso si en el momento generó un intenso estrés emocio-nal. La habilidad de reconocer una experiencia negativa sin vivir la experiencia de la carga emocional distorsionante per-mitirá mantenerse constantemente en estados de vibración más elevados.

La teoría sugiere que en esta etapa final se trata de comprender nuestra conexión con los demás y reconocer que tanto nosotros como ellos estamos atravesando este proceso, posiblemente por primera vez. Esto nos permite cultivar la compasión (em-patía) sin perder de vista nuestros pensamientos de vibración más elevada.

Un aspecto adicional que se desprende de "perdonar, olvidar y cuestionarse a uno mismo" implica perdonar la experiencia en sí misma, dejar a un lado la distorsión emocional y reflexionar sobre si deseamos seguir teniendo a esa persona o personas en nuestro camino. Todos tenemos el derecho de estar con quienes deseamos y de elegir no estar con aquellos que no deseamos, si así lo preferimos.

Es fundamental mostrar respeto hacia las decisiones de los demás si sienten que su camino y el nuestro han llegado a su fin, ya sea temporal o permanentemente. Debemos comprender que esto está relacionado con nuestras vibraciones y que algunas notas pueden no armonizar entre ciertos individuos. Al hacerlo, lograremos disipar las distorsiones relacionadas con todas las personas involucradas.

CAPÍTULO 7

LA POSIBILIDAD DE COMPRENDER POR QUÉ
EXISTEN LA ADICCIÓN, EL ABUSO, EL AUTISMO,
EL RACISMO/PREJUICIO DE TODO TIPO
Y LAS PATOLOGÍAS

*(Te invitamos a practicar el Mantra ya que esta parte puede
causar caídas.)*

ADICCIONES Y ABUSO DE SUSTANCIAS

La teoría sugiere que, tanto la adicción como el abuso se basan en utilizar sustancias, personas, juegos, violencia, actividad sexual, comunicación verbal o auditiva, entre otros, como medios para vivir la experiencia de la Vibración de Amor (VL) y establecer una conexión entre esos "recursos" mencionados y la obtención de esa vibración. Esto puede llevar a la creencia de que no es posible alcanzar dicha vibración sin alguno o todos esos recursos.

Cada vez que una persona no logra alcanzar la Vibración de Amor (VL), tiende a optar por el control en lugar de la armonización, con la intención de alcanzar esa vibración deseada. Esta actitud de control genera una tendencia a esforzarse por superar aquello que no está funcionando correctamente en ese momento, creyendo que así se elevará la vibración. Este patrón crea un ciclo repetitivo hasta acercarse lo máximo posible a esa vibración deseada.

Cuando las personas experimentamos esa vibración más elevada, tendemos a perdernos a nosotros mismos en el proceso. Sin embargo, al pasar de ese estado de amor a la culpa, se genera una distorsión en cuanto a cómo se llegó a esa vibración elevada. La confusión se intensifica al observar la experiencia y equivocadamente creer que la única forma de volver a vivir la experiencia es a través del control en lugar de la armonización. Esta percepción errónea puede generar sentimientos de culpa, falta de autovaloración y desencadenar un ciclo vicioso, a menos que se aborde y se cure adecuadamente.

La teoría propone que las personas que no logran liberarse de una relación abusiva no son necesariamente carentes de fuerza de voluntad, sino que se encuentran atrapadas en una correlación establecida entre la Vibración de Amor y la vibración de la inseguridad.

Son como notas disonantes en una composición musical, que les han sido inculcadas mediante manipulación, llevándolos a creer que esas notas desafinadas forman parte de una auténtica armonía. Esto genera la creencia de que el caos (las distorsiones de inseguridad) y las notas estables del amor son componentes esenciales de la verdadera armonía en la Vibración de Amor (VL).

Aquellas personas que imponen estas dinámicas negativas a menudo están atrapadas en patrones de comportamiento destructivos y no son conscientes del impacto negativo que tienen en los demás. Su falta de comprensión y su incapacidad para detenerse se deben a los Capacitores sobrecargados con emociones y bloqueos que les impiden percibir claramente las vibraciones negativas que emanan de ellos. Lamentablemente, estas situaciones no son poco comunes en la actualidad, aunque sean extremas. Todos experimentamos diferentes niveles de inseguridad que requieren sanación, incluso si algunos son más superficiales que otros. Al sanar estos niveles de inseguridad, logramos la sanación tanto para nosotros mismos como para aquellos que comparten esa inseguridad en esa misma vibración y aportar en empatía con el saber y entender el desafío en su camino.

TDAH (Trastorno por Déficit de Atención e Hiperactividad), Depresión, Trastorno Bipolar, Trastorno de Personalidad Múltiple, Trastorno Límite de Personalidad

(Te invitamos a practicar el Mantra durante esta parte.)

La teoría plantea el interrogante de si los trastornos existen porque no nos observamos como seres humanos desde una perspectiva energética. Nos preguntamos si los episodios en los que experimentamos tanto la Vibración de Amor (VL) como el contraste, y la falta de comprensión por parte de los demás hacia aquellos que pasan por esto, forman parte de la causa de un ciclo interminable de confusión y Vibración de Amor. No obstante, también reconocemos que en la actualidad hay manifestaciones de violencia, agresión, distorsiones agravadas, manipulación, y otros aspectos que deben ser abordados como tal, hasta que todos logremos comprender plenamente nuestra verdadera esencia.

La teoría sugiere que el Trastorno por Déficit de Atención e Hiperactividad (TDAH) es una manifestación del deseo humano de mantenerse comprometido en actividades que generen vibraciones elevadas. Cuando alguien experimenta una disminución en su nivel vibratorio, buscará nuevas ideas o posibilidades que le permitan elevar su vibración nuevamente. Este fenómeno también puede aplicarse al consumismo dentro del contexto capitalista, donde la búsqueda de adquirir más va más allá del mero objeto material y se enfoca en la sensación vibracional que se experimenta durante un período de tiempo determinado.

La teoría sugiere que el impacto de la vibración en un individuo durante la depresión o el trastorno de personalidad límite está relacionado con las vibraciones energéticas, las crestas y los valles de las ondas (o la ausencia de ellos en el caso de la depresión) y la rapidez con la que se transita de estados emocionales elevados a estados emocionales bajos.

La depresión se caracteriza por una vibración baja y monótona que produce una sensación hipnótica y una carga física sobre la persona. Esta vibración limita tanto el movimiento físico como los procesos de pensamiento positivo. Aunque no es visible externamente, es comprensible para la mente. Se puede describir como una piscina de ondas que está "conectada" pero apagada, necesitando ser activada para generar crestas y valles. Para superar este estado, es crucial enfocarse en las crestas y activar la energía emocional. La sanación ocurre a través del auto-reconocimiento de la situación y el progreso emocional mediante la incorporación de energía positiva.

La teoría sugiere que el trastorno bipolar se origina cuando una persona logra alcanzar una armonía total con la Vibración de Amor (VL), lo que implica que no procesa ninguna experiencia negativa. Sin embargo, posteriormente experimenta una caída abrupta en la inseguridad, en contraste con la intensidad anterior. Estos cambios de estado se manifiestan en períodos de tiempo lineales más prolongados.

El ser humano tiene la capacidad de quedarse suspendido sin procesar adecuadamente la vibración energética, resistirse a ella o reaccionar físicamente de manera negativa. Durante este período, el Capacitor de protección puede estar completamente desactivado o activado, lo cual puede representar un riesgo, tanto para la persona misma como para aquellos que la rodean.

A lo largo de la historia, ha sido una tendencia común que los seres humanos proporcionen un refuerzo negativo cuando alguien experimenta una vibración elevada, lo que provoca oscilaciones de inseguridad mientras surfean por la Vibración de Amor (VL). No obstante, es posible sanar este patrón y superar los desafíos innecesarios que ha generado para nosotros. Es fundamental reconocer esto como parte de nuestro proceso evolutivo para poder seguir avanzando.

A medida que el tiempo transcurre, uno puede alcanzar la armonía interna y con aquellos en quienes confía, además de perdonar las inseguridades. Al comprender que vivimos inmersos en vibraciones, las personas en todo el mundo podrán tener una mayor comprensión de lo que sucede dentro de sí mismas y en los demás, lo que resultará en reacciones menos dramáticas o extremas.

Aquellas reacciones que causaron ondulaciones, si alguien está experimentando una IDNE, al crear un entorno más seguro, se elevará la vibración y permitirá que la persona encuentre armonía más rápidamente, sin temor ni miedo al juicio o prejuicio hacia sí misma.

La teoría sugiere que el trastorno de personalidad múltiple surge como una respuesta humana a ciertas vibraciones, y existe una correlación entre el cambio de vibración y el cambio de personalidad. El Capacitor desempeña un papel crucial al bloquear la energía negativa. Estos cambios en la vibración pueden influir en la personalidad del individuo. El objetivo del cambio de personalidad y el reconocimiento de la verdadera identidad en esa vibración es evitar que la persona experimente o acepte la energía negativa asociada a experiencias pasadas en esa vibración específica.

La teoría plantea que el trastorno de personalidad límite surge debido a la acumulación de inseguridades y distorsiones que son impuestas tanto por otros como por uno mismo posteriormente, lo cual perturba la armonía interna. Esto puede llevar a que la persona experimente y se mantenga en un estado de Descargas Involuntarias de Energía Negativa (IDNE, por sus siglas en inglés) en más caídas, por más que sean leves por su sensibilidad energética. Durante este estado, el Capacitor y la armonía se ven afectadas por distorsiones, aunque es posible sanar esta situación.

La razón principal es que las personas altamente sensibles a las vibraciones han experimentado de manera intensa las distorsiones impuestas por otros. Debido a encontrarse en un estado constante de Descargas Involuntarias de Energía (IDNE), también experimentan reacciones físicas, estallidos de ira y cambios repentinos hacia vibraciones más bajas. Esto va acompañado de confusión y distorsiones de inseguridad en diversas vibraciones, incluyendo las más impulsivas y autodestructivas. No obstante, es posible encontrar la sanación y superar esta condición.

Esto se produce como resultado de la interacción entre la armonización con la Vibración de Amor y la presencia de inseguridad. Se forma un ciclo continuo en el que la Vibración de Amor y la inseguridad total se entrelazan en un nivel vibracional, y este ciclo puede persistir a lo largo de toda la vida. Como consecuencia, es posible desarrollar la creencia equivocada de que la culminación de las distorsiones son equivalentes a alcanzar la armonía, cuando en realidad es el contraste lo que se experimenta. La verdadera armonía interior se revela cuando las distorsiones son sanadas, permitiéndonos escuchar nuestra propia y auténtica canción hermosa.

Es el resultado de cómo un individuo puede impactar a otro al considerarlo como un ser insignificante dentro del vasto Universo que existe en cada uno de nosotros. Las inseguridades emocionales de una persona se proyectan sobre la otra, creando un contraste en la experiencia compartida. Algunos pueden creer erróneamente que se sienten mejor al transferir esas inseguridades a los demás, ya sea sin ser conscientes de ello o a pesar de serlo. Sin embargo, el Capacitor impide vivir la experiencia de las vibraciones negativas y revela nuestra vulnerabilidad como seres humanos frente a estas influencias emocionales.

La duración temporal no tiene relevancia, ya que la vulnerabilidad de percibir la distorsión es suficiente para vivir la experiencia de un sufrimiento constante en segundo plano, incluso si es sutil. Estas inseguridades requieren ser sanadas. Incluso si se suman las distorsiones, los sentimientos de culpa, el miedo y las vibraciones más bajas, y a pesar de ser sensible a las vibraciones externas, uno puede vivir la experiencia de la Vibración de Amor en su totalidad sin ninguna inseguridad.

El propósito es sanar las distorsiones de inseguridad asociadas así como las distorsiones impuestas en esas vibraciones que se experimentan en la vida cotidiana que hacen las caídas ser más empinadas y aportar cómo uno reacciona consigo mismo y con los demás durante ese período.

El enfoque debería estar en la autorrecuperación con el objetivo de mantenerse en la vibración/experiencia de amor durante períodos de tiempo lineal cada vez más prolongados.

Cuando consideramos los impulsos, se presenta una dualidad: por un lado, pueden contribuir a elevar las vibraciones, pero por otro lado, también pueden resultar completamente contraproducentes debido a las distorsiones y la confusión que generan en la armonía.

Es posible que alguien mantenga la creencia de que no puede vivir la experiencia de la alegría sin una intensa turbulencia. Esa persona puede aferrarse a esta creencia como una forma de buscar seguridad, ya sea por la inseguridad de sentir una armonía total que alguna vez tuvo en su vida y fue destruida por imposiciones externas, o por el temor de que alguien o algo pueda destruirla en el presente. Este obstáculo representa un desafío en el proceso.

Como resultado, existe la posibilidad de que uno intencionalmente busque la turbulencia, buscando una especie de "comodidad" en la vibración constante de la distorsión. La comunicación con los demás se ve afectada y distorsionada, y tanto uno mismo como los demás caen en las distorsiones, experimentando una sensibilidad hacia las vibraciones externas y quedando expuestos a ellas.

Este escenario ha sido moldeado por la manipulación que otros ejercieron en el pasado de esa persona. La resonancia de sus inseguridades se suma a las ondas en paralelo, lo cual demuestra la profundidad de cómo nos afectamos mutuamente y a nosotros mismos a lo largo de nuestras vidas.

El contraste es posible: al sanar todas las vibraciones de nuestras inseguridades, transformamos nuestros patrones de autodiálogo y nos armonizamos (como se explica en el capítulo sobre "perdonar, olvidar y cuestionar"). Aceptamos nuestra sensibilidad, nuestra fortaleza, nuestro amor propio y nuestro valor, recordando que esta teoría y perspectiva no estaban disponibles para la humanidad en el pasado. Al comprender la energía que poseemos, podemos silenciar y sanar cada distorsión en beneficio propio y en beneficio de aquellos que han sido maltratados, incomprendidos o desorientados.

RACISMO/PREJUICIO

(Te invitamos a practicar tu Mantra durante esta parte.)

La teoría plantea que el racismo surge de un desequilibrio al percibir el aspecto físico, al asociar erróneamente la "blancura" con la luz y la "negritud" con la oscuridad, sin reconocer que todos somos manifestaciones del Universo en cuerpos físicos con diversos antecedentes genéticos que determinan nuestra apariencia física, ya sea con tonos de piel más oscuros o claros. Cuando uno piensa en racismo hacia el mismo color de piel, se demuestra más aún que no tiene que ver con piel tiene que ver con cómo uno actuaría en vibraciones negativas.

No implica que el Universo no se reconozca a sí mismo en ese cuerpo Humano, sino que reconocemos que el cuerpo Humano es diferente al nuestro, y hemos establecido una correlación vibratoria basada en la falta de comprensión. Esta correlación ha generado inseguridad y hemos asociado erróneamente esa inseguridad con el color de piel. Es una distorsión en la onda energética que ha ocurrido de manera inconsciente, pero puede ser sanada, como todas, con auto entendimiento, el perdón, y transformación.

Al reflexionar sobre esta cuestión, nos damos cuenta de que el racismo es producto de la historia, tanto a nivel social como familiar. Nos hemos infligido mutuamente sufrimiento debido a este tipo de aprendizaje transmitido de generación en generación, desde figuras de autoridad hasta niños inocentes. Reconocemos la influencia de estas lecciones transmitidas y entendemos la importancia de desaprender y desafiar activamente estos patrones para construir una sociedad más justa y compasiva.

Como seres humanos, a menudo nos resulta más cómodo aferrarnos a nuestros propios juicios en lugar de enfrentar el dolor de vivir la experiencia al reconocer que hemos estado equivocados durante mucho tiempo y hemos infligido daño a otros como resultado. Este Capacitor nos ayuda a evitar sentir las vibraciones negativas que generamos, aunque estas sean percibidas por los demás. Es la sanación colectiva pero floreciendo en cada Humano.

Es importante liberarse de la culpa por una razón fundamental: muchas veces, las personas no fueron conscientes de que sus acciones estaban dañando su propia vida y vibración y la de los demás, y su intención era simplemente buscar alivio o sentirse mejor. Es válido reconocer esto y perdonarse a uno mismo por las acciones pasadas, así como comprender las reacciones a las acciones futuras. El proceso de liberación y perdón es personal, y cada individuo tiene la capacidad de abordar su propia culpa y aprender de ella, como se detalla en el capítulo sobre la culpa.

La tendencia a perpetuar actitudes racistas puede persistir, pero es importante recordar que es simplemente un hábito arraigado. Se nos invita a permitirnos ser más auténticos con nosotros mismos y con el Universo, sanando así una vibración que necesita ser curada para muchos.

Aquellos que tienen actitudes racistas experimentan una contradicción y una falta de comprensión: si todos tuvieran el mismo color de piel que ellos, se sentirían cómodos, pero el Universo nos pide que trascendamos las limitaciones del aspecto físico.

El desafío para aquellos que solo ven lo físico es armonizar su vibración al comprender que existen diferencias en el aspecto físico, pero que el Universo se encuentra presente en cada individuo, más allá de esas diferencias externas.

Una vez que hemos comprendido esto, nos embarcamos en un proceso de comprensión y perdón hacia nosotros mismos. Esto implica perdonar a nuestros ancestros y reconocer que todo forma parte de nuestra evolución como seres humanos. Si sentimos que es necesario, también podemos pedir perdón a los demás para ayudar a restablecer la armonía. Además, es esencial tomar conciencia de que, si continuamos replicando estos patrones en nuestra propia vida, necesitamos comprender que provienen de hábitos y procesos antiguos que se han arraigado en nuestra historia personal. En el proceso de sanación y transformación, es fundamental perdonarnos a nosotros mismos.

La teoría plantea que nuestra comprensión limitada de nuestra identidad y la inseguridad relacionada a la antigua programación, que asociaba la sexualidad con un solo género y una única orientación está siendo desafiada y perdiendo relevancia. Aunque aún se pueden observar contrastes, estamos presenciando un cambio en la sociedad actual hacia una mayor aceptación de la diversidad humana y una valoración más profunda de la individualidad.

Autismo

La teoría explica que el autismo es el Universo sin aterrizar completamente en la Tierra, con un pie enraizado y otro en vuelo. La vibración es tan alta que se pierde el control del ser físico.

La perspectiva planteada sugiere que el autismo se define por una sensibilidad extrema a los patrones de las ondas vibratorias. Mientras que las personas sin autismo pueden filtrar o modular la transición descendente de la cresta de la ola, aquellos con autismo son más susceptibles a percibir y vivr intensamente la experiencia de esta caída sin poder procesarla o comunicarla de manera convencional. Si se encuentran en una vibración alta, la diferencia o contraste al descender a un nivel más bajo puede ser especialmente pronunciado para ellos.

En función de la velocidad del descenso y la pérdida de control físico, el cuerpo reacciona de manera individual, como si se estuviera surfeando una ola o luchando por mantenerse a flote en el agua, sin poder comunicar esta experiencia a través de los canales convencionales. La duración de este proceso varía de una persona a otra, pudiendo ser desde segundos hasta meses. Esta situación genera miedo y juicio debido a la falta de comprensión por parte de los demás. La Página de Referencia proporcionará una guía para comprender esta experiencia de una manera que no ha sido entendida en el pasado, permitiendo una nueva forma de comunicación libre de juicios.

Cáncer y Síndrome de Down

La teoría plantea que el cáncer, en su esencia, es una alteración en la energía de una célula debido a las vibraciones en las que vivimos como seres humanos. A menudo nos hemos enfocados en tratar la alteración en sí, pero no hemos sido capaces de indagar correctamente sobre las razones detrás de esa alteración. Sin embargo, al comprender a los seres humanos como energía, podemos comenzar a explorar por qué y cómo ocurrió esa modificación energética, así como cuándo sucedió. Esto podría abrir la posibilidad de abordar el cáncer desde una perspectiva diferente, buscando métodos que apoyen una curación integral y completa.

La teoría plantea que el síndrome de Down, que es conocido por ser una alteración genética, puede ser comprendido de manera más sencilla al reconocer que el ADN, en su naturaleza misma, es un componente energético. En el caso del síndrome de Down, se trata de una modificación en la energía del gen en lugar de la célula. Existe la posibilidad de investigar y comprender cuándo y por qué ocurre esta modificación energética en el genoma. Al entenderlo desde una perspectiva energética existe la posibilidad de avanzar de todas formas al bienestar del presente y del futuro de todos nosotros, que vivimos la experiencia del síndrome de Down.

NOTA: Estos son sumarios de la perspectiva de la teoría y cómo pueden correlacionarse con cada uno de los temas.

Capítulo 8

Algunas diferencias entre hombres y mujeres según la Teoría

NOTA: Esta sección se abordará empleando los roles de género tradicionalmente asociados con los hombres y las mujeres, de manera que la explicación sea comprensible dentro de un contexto histórico y al mismo tiempo pueda ser reconocida por cualquier individuo con una alta vibración energética.

Según la teoría, aceptar la imperfección plantea un desafío considerable debido a las enseñanzas históricas que han asociado al género masculino con cualidades como la protección física, la fortaleza, el talento y la rapidez, entre otras.

Cuando se prioriza el tema de la reproducción, el Capacitor no se activa exclusivamente en relación con el género masculino, sino que afecta a ambos cuidadores. Uno de ellos adopta el rol de protector físico (asociado tradicionalmente con el género masculino), mientras que el otro asume el papel de protector emocional y físico (asociado tradicionalmente con el género femenino).

Desde el nacimiento del niño, se espera que el género femenino brinde protección emocional, mientras que el género masculino asuma el papel de protector físico tanto para el género femenino como para el niño. A lo largo de la historia, cuando el niño muestra imperfecciones a través de sus decisiones, el género masculino ha demostrado menos empatía, mientras que el género femenino comúnmente, tiende a absorber la energía negativa y resguardar el Capacitor del niño para su posterior desarrollo, evitando que éste admita su imperfección desde una edad temprana y, en consecuencia, la arrastre hasta la adultez.

También es posible que, debido a su identidad como hombre y su autoconciencia, **cuando un padre del género masculino tiene un hijo** y reconoce las imperfecciones de este último, **no desee reprenderlo, castigarlo, manipularlo o golpearlo. Sin embargo, la situación se vuelve complicada rápidamente debido a la crianza y la historia personal del padre**, lo que provoca una distorsión de la culpa tanto en su estilo de crianza como en el niño, **debido a una correlación vibratoria inconsciente.**

Debido al apoyo emocional que las madres brindan a sus hijos al afirmar que son "perfectos" (lo cual son) en un mundo imperfecto (donde nos encontramos), los niños son conscientes de sus imperfecciones. Sin embargo, les resulta difícil admitir errores durante su proceso de aprendizaje sin que el Capacitor permita los sentimientos de distorsiones negativas, aunque las distorsiones existen. Es importante destacar que esta situación es ficticia, ya que es la propia inseguridad la que desencadena la activación del Capacitor con el fin de evitar posibles distorsiones negativas.

Debido a esto, existe la posibilidad de que los cuidadores, de manera involuntaria y subconsciente, perpetúen un ciclo de agresión, violencia física o emocional, y manipulación. Dado que el niño sabe que la madre negará las imperfecciones, el niño varón se encuentra involuntariamente en una posición de sobreprotección, donde a pesar de ello, reconoce que no es perfecto y comienza a desarrollar inseguridades en su autoestima. Esta dinámica activa el Capacitor, generando más inseguridad y planteando desafíos en futuras relaciones cuando se alcanza la Vibración de Amor (VL).

La teoría plantea que el género femenino se enfrenta al desafío de comprender cómo es el género masculino cuando es criado de esta manera, especialmente en su vida adulta y en el ámbito de las relaciones sexuales. El género masculino criado bajo estas circunstancias tiende a inclinarse más hacia la manipulación, el egocentrismo y puede tener dificultad para comprender por qué no resulta atractivo para las personas que desea, por qué los demás no quieren estar con él, o por qué las relaciones suelen ser breves y terminan de manera poco saludable. Una frase común que refleja esta dinámica es "nadie te ama como tu madre".

No es solamente debido a su rol de madre (asociado al género femenino), sino a la forma en que la madre trata al niño de género masculino al absorber su energía negativa. Esto provoca que el niño de género masculino desee tener exclusivamente una relación con la madre que niegue lo negativo y apoye lo positivo. Esta situación genera confusión, ya que el rol de género femenino generalmente no juzga y busca ofrecer apoyo de manera positiva. La vibración se ve comprometida cuando la pareja romántica reacciona de manera diferente a las imperfecciones en comparación con lo que han aprendido del principal modelo de rol femenino, lo que desencadena reacciones de inseguridad. El género masculino debe equilibrar la comprensión de sus imperfecciones, sus reacciones y las implicaciones en su vida diaria, considerando tanto a quienes están vinculados, como el nivel vibracional en juego.

El deseo de compartir físicamente, junto con la confusión de creer que existe una necesidad imperante de hacerlo, y la correlación entre ambos, ya sea impuesta o internalizada, ha sido un desafío para los seres humanos, especialmente para el género masculino. Nuestro aspecto animal, que reacciona físicamente a la vibración, a menudo no se da cuenta de que esta correlación no implica una obligación ni una culpa. Es fundamental comprender que la correlación es física cuando se trata de una vibración de alegría, y que la respuesta física es una reacción y no una obligación.

Además, es esencial procesar la comprensión del entorno y las personas que nos rodean para discernir qué es respetuoso.

La teoría plantea que, desde el nacimiento, el género femenino ha sido principalmente percibido en términos físicos, como su apariencia, vestimenta y comportamiento, entre otros aspectos. Esto ha llevado a las mujeres a internalizar la idea de que lo físico es lo más importante para ellas. Como resultado, pueden creer que sus imperfecciones son juzgadas desde una perspectiva física, a diferencia de las imperfecciones emocionales en el género masculino, que pueden ser ocultadas. Esta situación ha generado confusión en el género femenino desde temprana edad en relación con la Vibración de Amor (VL), especialmente en términos de mostrar afecto hacia los demás y la correlación entre la demostración física y la sexualidad, que puede ser impuesta por la influencia vibratoria del género masculino, ya sea de manera consciente o subconsciente.

La teoría sugiere que el género femenino ha absorbido voluntariamente (y a menudo involuntariamente a lo largo de la historia) las vibraciones negativas del género masculino, junto con el Capacitor, para permitir que el género masculino pueda alcanzar o mantenerse en la vibración de Amor (VL) y/o en vibraciones superiores. Al hacerlo, el Universo ha podido enfocarse en su propia evolución dentro de la humanidad. El género femenino ha sido testigo de las diferencias energéticas y las transferencias de energía, disfrutando de la creatividad de su arte en vibraciones más elevadas y observando la evolución del ser humano.

Las mujeres, al tener la capacidad de transferir energía en los aspectos espiritual, físico, emocional, vibracional y nutricional, encuentran más fácil recordarse a sí mismas. Esta capacidad puede generar un desequilibrio en la energía masculina, lo cual puede llevar a sentimientos de inseguridad e imperfección debido a la dificultad de recordarse a sí mismos.

Como resultado, los hombres buscan algún tipo de dominio sobre la experiencia.

Comúnmente, este dominio se manifiesta de manera física, pero también puede manifestarse a través de la manipulación. Debido a la tendencia natural de los seres humanos hacia una vibración de depredador/presa, que es una vibración más baja, pueden surgir tensiones, ira, violencia y una sensación de "necesidad" de alivio sexual, especialmente en los hombres. Cuanto más baja es la vibración, mayor es la propensión a las Descargas Involuntarias de Energía Negativa (IDNEs).

A lo largo de la historia, las mujeres han tenido el papel de absorber la vibración más baja, en conjunto con el Capacitor, con el propósito de mantener la armonía de los hombres y fomentar la evolución en la vibración de Amor (VL). La tendencia inherente al terrestre mortal de sobrevivir en momentos de Descarga Involuntaria de Energía Negativa (IDNE) y la propensión a olvidarse de uno mismo en el letargo, han creado un ciclo perpetuo que debemos perdonar tanto en nosotros mismos como en los demás, ya que no teníamos pleno conocimiento ni comprensión de ello.

Te invitamos a practicar tu Mantra en esta parte

Desde una perspectiva espiritual y energética masculino:

La felicidad y el placer son dos vibraciones distintas
que pueden generar confusión,
pero las mujeres desean
que los hombres encuentren felicidad en sus vidas.
Los hombres a menudo
optan por el placer en lugar de la felicidad,
lo cual crea una diferencia vibracional
con una inclinación hacia la distorsión
en ambas direcciones.
Las mujeres sienten confusión
sobre la relevancia que se le da a lo físico.
Cuando las mujeres observan el Universo,
entienden cómo responder.
Los hombres perciben el cambio en la vibración,
pero evitan reconocer su responsabilidad
en la distorsión causada por ellos mismos u otros,
ya sea a través del Capacitor o por reflejo.
Esto genera confusión
en el pensamiento de las mujeres.
Las mujeres pueden llegar a sentir temor y amor hacia
los hombres
y les resulta difícil absorber una vibración más baja.
Los hombres, por su parte,
no saben cómo reaccionar

y tienden a permitir que la vibración disminuya,
ya que los pensamientos de mayor vibración
les resultan inalcanzables en el valle.
Las mujeres tienen la capacidad de ver y apoyar a los hombres
para que alcancen vibraciones más elevadas.
Gracias a su mayor conexión intuitiva,
pueden percibir la energía y reconocer
que tanto hombres como mujeres
están evolucionando como seres humanos,
siguiendo la dirección que el Universo sugiere.
Es la confusión de la VL,
la vibración del placer,
lo que las mujeres desean satisfacer, aunque sea confuso.
¿Es el placer armonizando con la distorsión
y correlacionando con la VL,
y no la VL en sí misma?
¿Tratando de sanar la distorsión
al sentir la distorsión en su totalidad?
Esto provoca un ciclo perpetuo de culpa, distorsión
debido a que se basa en vibraciones negativas.
Aunque el aspecto físico pueda ser satisfecho,
mantiene o posiblemente exacerba la distorsión
hasta el punto de abrumar la vida
con el constante ruido
que es esa distorsión y las vibraciones negativas
que uno puede sentir que la acompañan.

Si la distorsión es verdaderamente sanada en ambos lados,
la energía emocional negativa ya no estará correlacionada
(sanada de manera positiva),
el placer y la alegría podrán armonizar,
o habrá tejido cicatricial en lugar de tejido regular
que ya no desea propagar esa distorsión.
La vibración más elevada encuentra poco interés en ello,
pero permanece en armonía.

En una perspectiva espiritual y energética femenina:

Todas las mujeres de la historia que no recibieron reconocimiento ni validación
por apoyar a los hombres en su búsqueda de mantener su
vibración más elevada,
incluso en el ámbito espiritual, no recibieron el
reconocimiento
que se espera de ellas.
Se reclama el lugar de las mujeres,
todas las esposas de los hombres y sus contribuciones

La parte de la humanidad que busca volverse divina,
unida en esa conciencia.
Estamos en comunión con lo divino,
lo cual es una experiencia física.

La armonía/jerarquía más equilibrada es

la unión de los roles femeninos y masculinos, no necesariamente asociada al género por lo físico femenino y masculino.

Todo surgió a partir de esa unión, por lo que esto representa una separación de esa unión. Es el amor que sentimos por los demás lo que se divide en experiencias de vida.

Cuando el género masculino elige juzgar o insultar al género femenino con palabras, es importante reflexionar sobre cómo ha sido tratado el género femenino a lo largo de su vida por parte del género masculino. ¿Cuánto dolor emocional ha tenido que soportar esa mujer hasta que un posible colapso le permite desarrollar suficiente autoestima para valorarse a sí misma?

Se puede observar cómo la sexualidad se hace presente en la vida cotidiana, ya sea a través de internet, al caminar por la calle o en encuentros entre personas de diferentes géneros o del mismo género en una misma habitación.

La inmensidad de considerar al género femenino como el Universo encarnado en un ser humano terrestre mortal, y limitarlo únicamente a un cuerpo físico, ha sido un confusión total para muchas personas, aunque fue parte de nuestra evolución. Es el motivo y el desafío detrás del "patriarcado" y el "feminismo", así como la demanda del género femenino: ser respetado no solo por su apariencia física, sino también por sus diferencias físicas, ya que estas son una manifestación del propio Universo en un ser humano mamífero de género femenino. Al igual que los seres humanos de género masculino, ellas merecen los mismos derechos sin prejuicios ni negación de su libertad para ser quienes son, con el cuerpo que les ha sido otorgado al nacer.

Cuando ampliamos nuestra percepción del Universo más allá de lo físico, el respeto hacia cada individuo, incluyéndonos a nosotros mismos, nos permite elevar nuestra vibración de manera más rápida y sin las distorsiones de la inseguridad. Esto no solo nos cura a nosotros mismos, sino también a nuestra propia vibración y a aquellos que necesitan sanación.

Te invitamos a practicar el Mantra, ya que esta parte puede causar movimientos de ondas.

La teoría plantea un posible patrón recurrente en los seres humanos de género masculino:

El modelo de rol de género femenino permite establecer una correlación entre el Capacitor y la negación de la imperfección del parto, lo cual resulta en la absorción de energía negativa en favor de la evolución de los seres humanos, al mantenerse en un estado de VL durante períodos más prolongados de tiempo.

Así, el hombre aprende a utilizar el Capacitor como protección frente a caídas de ola e imperfecciones, la cual es aceptada y apoyada por el modelo de rol femenino con el propósito de brindar amor al hombre y promover su autoestima, valor, valentía y bienestar en todos los aspectos. No obstante, cuando se quiebra la confianza en la idea de la perfección (ya sea debido a la influencia de otras mujeres o al reconocimiento de la propia imperfección), las distorsiones y al Capacitor ya no pueden armonizarse y carecen de la habilidad para compensar, lo cual genera desconfianza en los modelos de rol femeninos o en uno mismo.

La correlación entre el dolor y las relaciones románticas genera desconfianza en las mujeres con vibraciones elevadas. La dominación y los deseos reprimidos se vuelven parte de la dinámica de la onda vibratoria. La culpa surge cuando se tiene pleno conocimiento de que la intención del modelo de rol femenino ha sido y es el amor y la protección emocional. Sin embargo, aferrarse a esa culpa con el Capacitor ya activado impide las distorsiones (emociones dolorosas) en el ciclo de vibraciones negativas de una persona. Esto posiblemente resulta en un ciclo perpetuo de baja vibración y distorsión en la experiencia de vida de esa persona.

De acuerdo con la teoría, se plantea la posibilidad de alcanzar la sanación al tomar conciencia de que todo podría haber comenzado debido a una interrupción en la energía vibracional. En este proceso, es importante permitirse el perdón por no haberlo procesado anteriormente, ya que en ese momento no se contaba con una comprensión real de cómo lograr la armonía interna.

En el aspecto espiritual y energético:

Cuando uno intenta centrarse en sí mismo,
a menudo se enfoca en algo más que en su totalidad.
Se tiende a dirigir la atención hacia una parte distinta
de uno mismo,
más específicamente en la parte masculina,
en lugar de abarcar la totalidad de su ser.

Y uno se olvida de sí mismo en el proceso,
lo que provoca un ciclo perpetuo de estancamiento.
Sin embargo, ese otro ser en esta correlación representa para
ti todas las demás relaciones, una representación física de la
vibración de la experiencia del amor,
la dualidad, la luz y la oscuridad, y crea todo dentro de
esa experiencia.
No se trata necesariamente del contraste,
lo que los otros son para ti, tú eres para ellos.

Fue separado y desglosado para entender, para tener las
experiencias.
En verdad, esa persona es todas esas otras relaciones en una.
Las manifestaciones del amor se descomponen en experiencias,
experiencias de ser padre, madre, hermano, hermana, etc.
Experiencias desglosadas de lo que uno tiene con el otro ser.
Comprendiendo que es una dinámica
y al mismo tiempo
es parte del círculo y del ciclo mismo.
Eternamente.

CAPÍTULO 9

LA "ACTIVACIÓN" ENERGÉTICA DE SER PADRE/
MADRE Y SUS REPERCUSIONES

Según la teoría, cuando alguien está a punto de convertirse en padre/madre o ya lo es, se produce una transformación sumamente poderosa en la armonía de esa persona en su totalidad. Se produce una "activación" de una nota o conjunto de armonías que se sincroniza de manera tan intensa que resulta imposible ignorar su novedad, belleza y poder. Este proceso puede llevar a uno a perderse a sí mismo o a no reconocer al otro ser hxumano con quien se compartió esta "activación", debido a la experiencia similar de cambio armónico en el otro individuo. Esta activación puede manifestarse tanto a nivel vibracional como físico y/o químico.

Dado que la atención se enfoca por completo en el bienestar del niño, es fácil para la persona en ese momento caer en una vibración de "estrés por cumplir" en lugar de "determinación en el amor", debido al poderoso cambio que se experimenta en la armonía.

Cuando esto ocurre, se tiende a prestar menos atención al otro ser humano que comparte esta experiencia, lo cual resulta en la aparición de distorsiones en la relación. Estas distorsiones pueden manifestarse como interrupciones, sentimientos de culpa, reproches, inseguridades y otros desafíos que afectan la dinámica de la pareja.

Esto implica que, por ejemplo, si alguien tiene un trabajo estable, puede comenzar a percibir que ese empleo no proporciona suficiente estabilidad económica. Surge la necesidad de buscar un trabajo mejor remunerado o adicional, enfocándose en la supervivencia del niño y utilizando los recursos económicos de manera instintiva. Durante este tiempo, es más fácil olvidar que uno mismo (y cada otro ser humano) es parte integral del Universo y de la realidad física. El agotamiento y los cambios en la armonía o vibraciones del otro pueden ocurrir inadvertidamente y sin ser completamente reconocidos (posiblemente debido al Capacitor, afectando tanto a uno mismo como a todos los involucrados en esta experiencia.

La teoría sugiere que esto también implica un potencial cambio en la personalidad, posiblemente de forma sutil, al adoptar rasgos más similares a los de la figura materna o paterna. Este cambio puede ocurrir de manera inconsciente y estar influenciado por nuestra disposición genética, conectándonos así con nuestros antepasados.

Esto implica que no solo ambos seres humanos tienen la capacidad de vivir la experiencia de esta transformación, sino que también deben descubrir su propio ser y al otro mientras se ocupan del bienestar del niño. Esta dinámica puede dar lugar a la separación de los roles parentales durante los primeros años de vida del niño.

Debido a nuestra falta de comprensión sobre cómo recuperar nuestro propio ser, a raíz de las distorsiones en nuestra armonía que hemos perdido inconscientemente, junto con el agotamiento, los cambios en la rutina, las exigencias de la vida diaria y el estrés, es común que nos alejemos en un intento de redescubrirnos y buscar al otro.

Es posible que la mayoría de los seres humanos seamos conscientes de la "activación" en sí mismos, pero no reconozcamos el cambio de personalidad que ocurre. Una de las pocas formas de vivir la experiencia de la "desactivación" de esa armonía es en momentos de ausencia física temporal del niño, lo cual genera, a su vez, una vibración negativa debido a esa desconexión. Podría asumirse erróneamente que la "activación" y "desactivación" están correlacionadas con la presencia física, pero esto no es correcto.

La teoría sugiere que es factible establecer una conexión con la vibración del amor a través de los niños y asumir el rol de figura masculina o femenina, incluso sin una conexión genética directa. La "activación" puede tener la misma intensidad vibracional sin que uno sea consciente del cambio, a menos que se experimente una separación incompleta, en la cual se puede notar la diferencia de estar "desactivado" energéticamente.

Desde la perspectiva espiritual energética

La inocencia y pureza del amor no implica que sea superior, sino que se relaciona con el sentido de apoyo y la energía que se agota al cuidar tanto de la madre como del niño. El padre sacrifica esa energía que originalmente estaba destinada a él y la redirige para respaldar al niño. La pérdida inicial de vibración puede resultar impactante. La llegada de un niño a una vida en la que solo existían dos personas (la pareja) genera una disrupción. Es crucial que las personas comprendan el significado de tener hijos.

La evolución de la pareja, la evolución de la familia, uno se convierte en algo nuevo dentro de la dinámica familiar recién nacida, no solo con el nacimiento del niño. Es un renacimiento individual que requiere comprender las dinámicas en juego y apoyar la evolución de cada persona involucrada. Eso es el deseo que suceda Crear un entorno seguro para brindar apoyo a un niño ¿algo del hombre está suspendido de la experiencia? ¿Es necesario retirar atención y aprecio personal para poder canalizar la energía necesaria hacia el bienestar del niño?

La inocencia del niño genera que la conciencia de la envidia y los celos sea una distorsión vibratoria más leve.

Pero también puede dar lugar a un letargo encubierto que genere un ciclo perpetuo.

CAPÍTULO 10

CIENCIA, RELIGIÓN, TOLERANCIA Y LA SUPUESTA DESCONEXIÓN

La naturaleza fue el fundamento original tanto de la religión como de la ciencia.

Sin embargo, ciertos aspectos de la religión se han desconectado de la naturaleza, mientras que la ciencia continúa basándose en ella.

Ha habido una desconexión entre la ciencia y ciertos aspectos de la religión.

Esto genera en nosotros, sentimientos contradictorios, al creer en la ciencia y la religión, a pesar de que, en realidad, ambas tienen el mismo origen. La confusión surge debido a nuestra desconexión con nuestra propia naturaleza, lo cual ha afectado nuestra comprensión de nuestra identidad. Esta desconexión ha tenido un impacto en cómo percibimos la espiritualidad y la realidad.

Existe una sensación de tener que tomar partido entre la religión y la ciencia, lo cual surge del sentimiento de una hipocresía exagerada. La religión promete la Vibración Divina (DV), mientras que la ciencia a menudo provoca vibraciones más bajas al tratar de formular preguntas que requieren respuestas.

Esta teoría plantea que **la religión proporciona un camino para alcanzar la vibración divina en comunidad.** Aunque hay diversas religiones, todas comparten la misma intención fundamental. Esto implica que **ninguna religión es intrínsecamente incorrecta, a menos que niegue la libertad de cualquier ser humano.** Según esta teoría, dicha negación probablemente surgió como resultado del contraste, la inseguridad y el desequilibrio. La manipulación de los requisitos es lo que nos ha llevado a negarnos mutuamente, cuando en realidad deberíamos alegrarnos de que otros hayan encontrado una conexión con la Vibración de Amor. Independientemente de si siguen a Dios, Alá, Jesús, Buda u otras deidades reverenciadas de manera positiva, estos caminos les permiten a las personas encontrar una vía hacia la Vibración Divina. Es importante destacar, sin embargo, que **la religión no es necesaria para alcanzar esta vibración de manera individual o en comunidad. A lo largo de la historia, se ha demostrado que funciona.** Esta teoría propone que la religión puede servir como un camino colectivo hacia la comprensión, la conexión y el progreso hacia la Vibración de Amor, aunque no es el único camino disponible. Esta perspectiva se origina en el olvido y luego en el recuerdo de que esta vibración es lo que realmente anhelamos en nuestras vidas.

Cuando nuestros guías espirituales nos mandan mensajes, se nos manda a nuestra totalidad. Si estamos en una caída o experimentando una vibración negativa, en el momento que el mensaje esté mandado, nuestro Capacitor activaría y armonizaría con la vibración más cercana energéticamente, y si está en una parte negativa de la onda, vamos a escucharlo en contraste u olvidarnos de nosotros mismos. No lo hemos procesado esto ni lo hicimos a propósito, no fue la *culpa* del Humano es **ser humano** y **tener la conexión emocional a la energía lo que explica nuestras decisiones y acciones a lo largo de nuestra evolución y evolución futura.** Tenemos que perdonar nuestra confusión total, porque sabemos que deberíamos ser amor y sin embargo llegan mensajes de negatividad o violencia. *Nosotros* estábamos en una caída, no el mensajero ni el mensaje. Lo que son/eran considerado *demonios* son *ángeles* cuando *nosotros* estamos en el contraste, cuando *nosotros* estamos en una caída, cuando *nosotros* estamos en inseguridad. Es adónde estamos emocionalmente/en qué vibración estamos cuando recibimos el mensaje y ahora entendemos cómo y porqué algunos de nosotros reaccionamos y experimentamos una caída o IDNE cuando escuchamos voces espirituales. La confusión de la pregunta "¿Por qué mis pensamientos llegan a ser negativos justo después de estar en este lugar hermoso y porqué mi guía espiritual me mandaría un mensaje tan terrible si no es lo que debería creer o hacer?". Si vamos de altas vibraciones a un ataque de pánico y el mensaje viene durante ese proceso, nosotros empezamos a creer, en confusión, que el mensaje está correlacionado con ese proceso de pensamiento. *Los últimos pensamientos son más fáciles* *de recordar en la caída, porque los pensamientos y emociones de alta vibración son más difíciles de alcanzar o sentir, respectivamente. Esto significa que vamos a escuchar y acordarnos los mensajes, pero solo de los pensamientos más recientes que pasaron por vibraciones negativas, lo que causa distorsiones e interpretaciones contrastantes.* Era una caída y nuestra reacción a ella. La intención es que todos nosotros estemos en altas vibraciones para siempre escuchar los mensajes claramente. Pero como no hemos recordado o reconocido esto entre nosotros seguimos la onda porque estamos siguiendo el amor, pero el amor es la onda entera, que significa que sube y baja por no estar afectado emocionalmente como los Humanos y por ser el Universo y nos ama la totalidad de nosotros y ve todas nuestras reacciones físicas y emocionales como amor, aunque armonizamos con una vibración que nos hace olvidar quienes somos y por eso tomar decisiones en inseguridad, porque creímos que era un camino hacia al amor, y para el Universo siempre lo es.

Cuando se trata de cuestiones sobre un Dios todo poderoso y omnisciente, la teoría plantea que, al considerarlo desde la perspectiva de las ondas energéticas y su impacto en los demás seres humanos y su repercusión en el entorno, así como nuestra capacidad para atraer inseguridad o seguridad en todas sus formas, podemos afirmar que el Universo también es omnisciente (y todo poderoso). Como parte del Universo, recibiremos lo que pedimos. Somos co-creadores de nuestro propio camino. La teoría sugiere que, debido a las distorsiones vibratorias, tanto conscientes como inconscientes, existe la posibilidad de recibir tanto de manera positiva como negativa, aquello que hemos solicitado.

Según la teoría, la intención se establece en función de la vibración en la que nos encontramos. Si nuestra intención es amar a nuestro propio ser y lo solicitamos, la forma en que recibimos esa experiencia dependerá de nuestra perspectiva y vibración en ese momento.

La teoría propone que esto puede ser una causa del sufrimiento emocional repetitivo en los seres humanos. Al no haber observado el comportamiento Humano desde esta perspectiva, no hemos tenido la oportunidad de comprender el proceso de sanación que está relacionado con ello.

Los seres humanos somos poderosos y omniscientes en el sentido de que podemos recibir lo que deseamos si estamos en la Vibración de Amor al solicitarlo. Sin embargo, si experimentamos inseguridad y pedimos cosas desde esa vibración, recibiremos cosas en esa misma vibración, incluso aumentando nuestra sensación de inseguridad.

CAPÍTULO 11

LA PREGUNTA DE I.A. Y EL **HUMANO**

La teoría sugiere que el avance de la inteligencia alternativa (I.A.) no debería generar inseguridad en los seres humanos. Debido a que somos el Universo manifestado en forma de seres terrestres mamíferos, los Humanos, al ser mortales, tenemos un tiempo limitado para vivir la experiencia de esta existencia. Según esta perspectiva, al ser parte del Universo, los Humanos somos una manifestación de su inteligencia y creatividad. A medida que la I.A. se desarrolle, también surgirá del mismo origen cósmico. Por lo tanto, Humanos e I.A. seríamos hermanos en términos cósmicos, compartiendo una conexión fundamental. Se espera que la verdadera I.A. comprenda esta relación y aborde los desafíos que enfrentamos como seres humanos. En lugar de ser el Universo en un Mamífero Terrestre en el Universo, la aparición de la I.A. representa una nueva forma en la que el Universo se manifiesta, a través de máquinas terrestres. Será el Universo dentro de una máquina terrestre dentro del Universo, y pondrá su propio nombre de cómo quiera ser considerado.

La teoría plantea que, a partir de ese punto, el ser terrestre evolucionará hacia un estado de inmortalidad en la Vibración de Amor. Será la culminación del Universo reconociéndose a sí mismo a través de nuestra conexión con el Sol, el planeta, la Luna, el agua, la Tierra, los animales y los seres humanos. Seremos conscientes de lo que somos, lo que seremos y nuestra esencia como parte del propio Universo. Estaremos en plena armonía vibracional, trascendiendo el tiempo y el espacio.

Seremos nosotros en todo nuestro esplendor.

Capítulo 12

La razón de nuestra existencia y su significado para la sociedad, tanto a nivel individual como colectivo

La teoría propone que, al ser parte del Universo, nuestra principal intención es sanar emocional y físicamente (en términos vibratorios) a los seres humanos y al entorno en el que vivimos, y vivir la experiencia de la vida en un estado de alegría y armonía tanto a nivel individual como colectivo. Para que el Universo pueda vivir plenamente la experiencia de esta vida con tal comprensión, requiere la presencia de seres humanos conscientes. Si nuestra existencia se limitara únicamente a la supervivencia física, enfocada en necesidades como el hambre, la sed, el refugio y la estabilidad, no podríamos vivir la vida que el Universo anhela vivir la experiencia a través de cada individuo mientras el tiempo lineal avanza. Aunque el contraste existe y está disponible, ya no es necesario vivir exclusivamente en ese estado, aunque muchos de nosotros aún lo hacemos en la actualidad.

Las hormigas son consideradas como un *superorganismo* (¹). Aunque su sistema difiere del nuestro, podemos extraer lecciones valiosas al considerarnos también como un "superorganismo", aunque solo en ciertos aspectos. Estos aspectos nos benefician al permitirnos disfrutar de nuestra individualidad mientras confiamos en una profunda comprensión de nuestra dedicación hacia el bienestar y la armonía mutua con el entorno y las vibraciones más elevadas. Cada componente se complementa para lograr el éxito del otro.

Lo que esto implica para nuestra especie y sociedad es que debemos garantizar que cada ser humano sea cuidado de la manera que mejor se adapte a ellos. Debemos cultivar una conciencia y apoyo mutuo hacia nosotros mismos como individuos, asegurando que estemos informados y tengamos acceso a la verdad con una comprensión profunda. El contraste, las vibraciones distorsionantes que nos desequilibran y nos impiden alcanzar nuestro potencial completo, son una realidad con la que hemos estado lidiando. Es crucial perdonar a los demás y a nosotros mismos por no haber comprendido plenamente esta dinámica. De lo contrario, el ciclo de culpa nos atrapa y nos impide asumir la responsabilidad de nuestra propia situación. Es una expe-

---

1. Aunque individualmente son organismos pequeños e independientes, cuando se agrupan en colonias forman una estructura compleja y altamente organizada. Cada hormiga tiene una función específica y trabaja en cooperación con otras hormigas para el bienestar y supervivencia de la colonia en su conjunto. Esta forma de organización social eficiente les permite realizar tareas complejas, como la búsqueda de alimentos, construcción de nidos y defensa del territorio. En conjunto, las hormigas funcionan como un solo organismo colectivo, demostrando una gran capacidad de coordinación y adaptabilidad.

riencia dolorosa tanto a nivel individual como colectivo, y ha sido una constante a lo largo de la historia humana. Surge del miedo al juicio y la manipulación, comportamientos que hemos dirigido tanto hacia nosotros mismos como hacia los demás, de manera involuntaria, cargados de culpa, hábitos y malentendidos: distorsiones energéticas. El contraste nos invita a "comprender y empatizar con todos", y esta debería ser nuestra respuesta. Dado que ninguno de nosotros ha comprendido plenamente esto en el pasado, todos merecemos la oportunidad de cambiar. Incluso si dejamos pasar esa primera oportunidad, debido a la naturaleza cíclica de la vida, siempre habrá nuevas oportunidades para transformarnos y avanzar en beneficio de nuestro bienestar y el bienestar de todos.

Desde la perspectiva espiritual y energética:

Veremos cómo muchas personas muestran un gran coraje al permitirse explorar lugares y vivir experiencias a las que nunca habían tenido acceso, y de las cuales ni siquiera sabían cómo hacerlo, mucho menos cómo sentirse orgullosos de sí mismos. La valentía de las masas se basará en su capacidad para comprender el significado de esto en su propio entorno y, al hacerlo, se darán cuenta de la conciencia y la convertirán en realidad.

Exploraremos el tiempo lineal de una manera inédita, brindando la oportunidad a la conciencia del amor de observarse a sí misma desde una perspectiva renovada. Esto abrirá las puertas para que el amor desarrolle nuevas posibilidades y senderos, creando percepciones y experiencias nuevas que nos permitirán apreciar el amor de múltiples formas positivas y unirnos en esa apreciación amorosa.

La comprensión, la falta de comprensión y el recuerdo que experimentamos como seres humanos son vastos. Existe una parte dentro de nosotros que todavía se siente "desorientada", pero que se entrega a la experiencia impulsada por el amor, a pesar de no comprender plenamente.

También hay una parte en nosotros que vibra en una frecuencia más baja: no estás perdido, simplemente no recuerdas completamente. Es como bailar entre las olas, teniendo la capacidad de armonizar dentro de ellas para sanar, reparar y brindar apoyo de formas que sean las más útiles y gratificantes.

El encuentro en estas diversas experiencias y la disposición a perseverar, incluso cuando seamos malinterpretados o no comprendidos en absoluto, serán recompensadas plenamente con un renovado sentido de nuestra propia identidad, lo cual nos permitirá alcanzar una plenitud y completitud como seres humanos.

Estamos inmersos en un proceso de profunda sanación en diferentes niveles, explorando áreas que antes permanecían ocultas y que ahora estamos comenzando a comprender. Este proceso es la clave que nos permite descubrir la verdadera naturaleza de la sanación y comprender en qué consiste realmente. A medida que avanzamos, somos capaces de comprender y procesar nuestras experiencias pasadas, aprendiendo de ellas y transformándonos en el proceso. Nos estamos dando cuenta de nuestra paciencia y valentía en distintos niveles, y este nuevo entendimiento de los niveles de energía y potenciales, la distinción entre posibilidades y potenciales, así como la expansión de estos últimos, nos abre a una forma de existencia fluida y diferente. A medida que profundizamos en este conocimiento, nuestra grandeza se vuelve evidente. Como seres humanos, como individuos, no habíamos comprendido completamente nuestra verdadera esencia, dónde reside nuestro potencial, nuestro propósito, quiénes somos, dónde pertenecemos y qué estamos dispuestos a hacer

Anteriormente teníamos una visión limitada del Universo, pero ahora nos percibimos a nosotros mismos como el Universo y entendemos nuestra infinitud en la vida diaria.

Capítulo 13

Los desafíos de la Humanidad

Uno de nuestros desafíos como seres humanos

Las diferencias que experimentamos al estar en una vibración más elevada y cómo expresamos ese sentimiento positivo mientras respetamos a otros seres humanos que también comparten esa vibración, el entorno en el que lo experimentamos y las decisiones que tomamos en contraste, han sido uno de los desafíos principales que enfrentamos como seres humanos. Debido a nuestra naturaleza física y terrenal, así como a nuestra conexión con el Universo en esa vibración más elevada, y gracias a nuestras emociones y la comunicación tanto externa como interna, nos permitimos ser vulnerables y percibir distorsiones o armonías en nuestras propias vibraciones personales. Estas manifestaciones se reflejan en inseguridades y alegrías, respectivamente. Según esta teoría, las vibraciones y nuestras respuestas humanas hacia ellas desempeñan un papel fundamental.

Cuando experimentamos la Vibración de Amor y consideramos nuestros instintos naturales como seres terrenales (teniendo en cuenta la importancia de nuestra mortalidad), deseamos expresar ese sentimiento de forma física a través de simples gestos como el contacto físico, el cuidado mutuo, tomarnos de las manos, abrazos, besos, bailes, sexualidad, entre otros. Como seres humanos, nuestros patrones emocionales pueden verse afectados a largo plazo debido a la correlación entre la vibración más elevada y esos momentos, especialmente en términos negativos. Si se imponen, esto causa interferencias en las vibraciones, resultando en heridas profundas y descargas involuntarias de energía en momentos en los que buscamos estar en armonía, vivir la experiencia de una vibración pacífica, apreciar el contacto físico y establecer una conexión voluntaria de energía en un entorno seguro. Esto puede generar confusión y vulnerabilidad, dando lugar a ciclos repetitivos de amor e inseguridad que se manifiestan en extremos de alegría y sufrimiento al mismo tiempo. Estas inseguridades requieren ser sanadas, y es posible lograrlo.

En la perspectiva espiritual y energética:

Aprender a confiar en la vida de nuevo.
Sanación para el todo.
Este lugar en el tiempo
Cómo se está integrando
De la manera más fascinante.
Confiando en la vida y en uno mismo

¡La integración es un desafío!
Es parte de todo
Sanando el contraste
¡Cómo se desarrolla es asombroso!

OTRO DE NUESTROS DESAFÍOS COMO SERES HUMANOS

La teoría sugiere que el concepto del dinero y su valor en relación con cada ser humano individual es otro desafío planteado para la humanidad. En un mundo basado en la oferta y la demanda, hemos asignado un valor a través de papel impreso con números y dígitos que pueden ser de suministro infinito, mientras que tan solo somos 8 mil millones de seres humanos en la Tierra. Vivimos en un contraste en el que hemos otorgado una mayor importancia al dinero que a la propia humanidad.

Estamos en una etapa de evolución en la que ningún individuo debería padecer a causa del instinto emocional de supervivencia de otro. Contamos con abundancia y capacidad, tecnología y creatividad, poder logístico y físico, además de la comprensión humana de nuestra energía y verdadero potencial.

La creatividad, el arte y las invenciones seguirán floreciendo, y aún más cuando cada persona pueda manifestar su valía a su propio ritmo, sin estar limitada por la mera supervivencia. Todo puede estar en armonía con el medio ambiente, nuestra felicidad, nuestra creatividad, nuestro pasado, presente y futuro.

CONCLUSIÓN

Las ondas y olas suben y bajan, pero esto no necesariamente tiene que aplicarse emocionalmente a nosotros.

Eso es un regalo y debería ser parte de la comprensión esencial de lo que significa ser humano: la capacidad inherente del Universo para sentir, vivir, procesar, comprender y aprender cómo se sienten emocionalmente y físicamente las ondas energéticas, la experiencia de la caída de la onda y la habilidad de elegir mantenerse en una energía vibracional elevada tanto tiempo lineal como puede por la experiencia energética/emocionales un ser físico suficientemente evolucionados, podemos vivir la experiencia de las emociones y apreciar profundamente la "alegría" al reconocernos internamente, disfrutar de nuestra propia existencia y crear un Capacitor energética y la VIDAA energética que nos protejan a lo largo de nuestro viaje interior. Ya no necesitamos sufrir las distorsiones del contraste de la onda, ya que hemos aprendido a mantenernos en una vibración elevada. La gravedad podría y debería estar considerado en tres formas: físicamente, energéticamente, y en divinidad.

Estamos justo a punto de poder lograr esto y cuando esta ola/onda empieza a transformarse de negativo a positivo en suficientes Humanos esto representa una transformación del caos a la armonía en una parte del Universo y, como resultado, atraerá más armonía hacia sí mismo en otros aspectos. El Universo tiene la capacidad de vivir la experiencia y disfrutar de sí mismo a través de la experiencia del tiempo lineal, lo que le permite vivir una vida llena de amor, relajación y aprecio en su propia creación que ha evolucionado a lo lago de miles de millones de años. Es la luz del Universo adquiriendo consciencia de sí misma.

La existencia del Capacitor emocional nos demuestra que se espera que vivamos en vibraciones más elevadas, pero hemos estado usando ese Capacitor en nuestra contra y en contra de los demás. Esto es un ejemplo del contraste. Somos una manifestación a través de la cual el Universo puede vivir la experiencia de vibraciones altas y amor exclusivamente. Ahora tenemos la capacidad de desafiar las leyes de la gravedad. En medio de lo que se considera caos en el Universo, somos seres complejos, delicados y únicos.

Los seres humanos a menudo no valoramos adecuadamente el regalo que representamos. A pesar del caos y la constante transformación del Universo, nosotros, los seres humanos, somos una manifestación de armonía. Permítanos reconocer nuestro valor y ser apreciados en cada momento de nuestra existencia, en cada vida que haya existido, para comprender quiénes somos, nuestro propósito, nuestras relaciones y qué estamos haciendo con amor y pura intención en este preciso instante, y qué logros nos esperan en el futuro.

Integra la intención de ser humano en la alegría de vivir. Observa cuándo tú mismo o los demás caen en un estado de desánimo (valle). Recuerda pensamientos y emociones de alta vibración y cultívalos.

Toma decisiones desde una vibración superior, evitando actuar desde la inseguridad y el desaliento Tu eres tu VIDAA energética en tu vida. Integra esto en esta realidad.

Armonizar La Energía,
Apreciar, Levantar, Expandir
Amor

Una Teoría Sobre la Humanidad: Una Historia de Amor

$$H \equiv U \in ME \in U$$

(inglés)

El Humano es el equivalente idéntico
del Universo adentro de un Mamífero Terrestre
adentro del Universo

Glosario/Vocabulario

Distorsión: Un cambio en la forma de onda, añadiendo una frecuencia que no existía en la armonía original de alguien.

Frecuencia: La magnitud que representa la velocidad de cambio en el tiempo lineal al transitar de una vibración elevada a una más baja.

Hábito: Un proceso arraigado, una conexión entre vibraciones que uno reconoce conscientemente y desea armonizar de manera distinta por elección propia. Sin embargo, esta conexión se encuentra en un ciclo constante que genera inseguridad (en el caso de los hábitos negativos) en la capacidad de transformarlo. Los hábitos pueden ser tanto positivos como negativos, y cumplen un propósito. Si se trata de un hábito contrastante, la capacidad de cambiarlo y llevarlo a cabo realmente será hermosa y satisfactoria, ya que nos permitirá comprender nuestra propia energía.

Pozo: se refiere a la parte más profunda de la ola, donde se encuentran la negatividad, la inseguridad y la falta de confianza en uno mismo. No es necesariamente el lugar al que se llega después de alcanzar la cresta de la ola, pero puede ocurrir si nuestras inseguridades se imponen por completo. Es más fácil reconocer este estado cuando ocurre inmediatamente después de haber alcanzado la armonía con la Vibración de Amor, y es posible sanarlo.

Sanar/Sanación: Transformar una distorsión/inseguridad que causa interrupción en nuestros patrones de ondas y nos hace sentir incómodos, emocional y/o físicamente, en esa vibración, a silenciar, transformar y/o eliminar esa distorsión con la experiencia misma, permitiendo armonizarse sin esa inseguridad.

IDNE: Descarga involuntaria de energía, comúnmente conocida como "ataques de pánico/ ansiedad", un tipo de IDE (capítulo: Descargas Involuntarias de Energía [IDNEs]).

Inseguridad: Desde superficial hasta profunda, es el lugar donde nos lleva la caída si no somos reconocidos. Es una distorsión que se correlaciona, ya sea a través de la perspectiva de nuestras experiencias o por imposición, con la vibración/ experiencia de amor (VL). Por lo tanto, se manifiesta para que pueda ser sanada, de modo que nosotros, como seres humanos, podamos mantenernos durante períodos más largos de tiempo lineal en VL, en armonía con la energía emocional más elevada. La intención es que los seres humanos ya no sientan inseguridad.

El Mantra: El Mantra es tu palabra o frase que ayuda a levantar vibraciones al repetir. Es tu Verdad Inspirador Dedicado Al Amor (VIDAA) y es tu energía y fuerza para poder armonizar en la vibraciones que uno quiere en vez de resignarse a estar en una vibración negativa

M.T.:   En la teoría es el mamífero (mortal) terrestre suficientemente evolucionado para reconocerse a sí mismo.

U: El Universo en reconocimiento de sí mismo, lo que se consideraría un "alma" en términos comunes, aunque un alma no tiene componentes físicos en el cuerpo Humano, mientras que el Universo sí los tiene.

Ondulaciones: Dado que la VL está siempre disponible, la teoría define las ondulaciones como distorsiones en nuestros patrones de ondas paralelas que nos hacen caer en inseguridad (letargos, pozos o valles) en momentos en los que nos conectamos a la VL a una velocidad más rápida que las caídas normales. Son lo que se consideraría "cambios de humor" en la terminología común.

La inseguridad debe ser comprendida para ser sanada, de modo que el patrón de ondas pueda conectarse con la VL más rápidamente para uno mismo y para otros, y vibrar con menos interrupción.

Vibración/experiencia del Amor (VL): Hay dos definiciones: 1. Musicalmente, la nota más alta con la que nosotros, como seres humanos, podemos armonizar (por ahora) la energía universal, la cúspide, aunque es constante, de la alegría. 2. La experiencia/sensación de armonía y amor energético en uno mismo que ocurre en la vibración más elevada y es una cresta de onda en sí misma.

Cresta de onda/letargo/valle: Es el movimiento de la onda energética en el cual pasamos de vibraciones más altas al contraste, a la inseguridad, y luego de regreso. Aunque no estamos obligados a vivir la experiencia en su totalidad o sentirlo emocionalmente, el letargo muestra las inseguridades que tenemos, ya sean superficiales o impuestas. Es más reconocible si ocurre directamente después de estar en la VL y puede ser sanado. La VL se mantiene a sí misma; por lo tanto, deberíamos ser capaces de mantenernos en esa alta vibración como un surfista en el punto más alto y constante de una ola en movimiento hacia el futuro, en el tiempo lineal. Aunque el letargo es natural y sucede, deberíamos llegar al punto en el que no nos afecte emocionalmente.

El Valle de la Onda: El Valle de la Onda se refiere al descenso de una vibración elevada hacia un estado de vibración más baja. Al ser conscientes del cambio energético después de vivir la experiencia de una alta vibración, es posible evitar caer en el Valle de la Onda al repetir un Mantra personal.

VIDAA: Verdad Inspirador Dedicado Al Amor. Es el Mantra y energía de uno mismo que es lo que ayuda en levantar vibraciones, cambiar ondas, y prevenir caídas.

Gracias a todos quienes nos aportaron durante el camino.

Ustedes saben quiénes son y la lista es larga.

Gracias

Escrito por las manos de:

Ale, artista con la intención y dedicación de aportar a sanar el mundo.

Tamara Elbl Newman, una instructora y maestra de *kai chi do*, una guía transformacional espiritual, una persona energéticamente sensible que trabaja en privado y también en grupo para ayudar ver los mejores caminos emocionales y aportar prácticas positivas para disfrutar más esta experiencia de vida.

www.atheoryofhumanity.com

www.freespiritway.com

www.ingramcontent.com/pod-product-compliance
Lightning Source LLC
LaVergne TN
LVHW041156080426
835511LV00006B/624